〈金利で得する〉
金利計算ブック

Interest Calculation Book to make profits from interest rates.

杉田利雄、瀬崎昌彦 著

C&R研究所

■権利について

- 本書に記述されている社名・製品名などは、一般に各社の商標または登録商標です。
- 本書では™、©、®は割愛しています。

■本書の内容について

- 本書は編者が実際に調査した結果を慎重に検討し、著述・編集しています。ただし、本書の記述内容に関わる運用結果にまつわるあらゆる損害・障害につきましては、責任を負いませんのであらかじめご了承ください。
- 本書は2025年3月現在の情報をもとに記述しています。
- 本書で紹介しているExcelのサンプルデータは、C&R研究所のホームページ(https://www.c-r.com)からダウンロードすることができます。詳しくは7ページを参照してください。
- サンプルデータの動作などについては、著者・編集者が慎重に確認しております。ただし、サンプルデータの運用結果にまつわるあらゆる損害・障害につきましては、責任を負いませんのであらかじめご了承ください。
- サンプルデータの著作権は、著者およびC&R研究所が所有します。許可なく配布・販売することは堅く禁止します。

●本書の内容に関するお問い合わせについて

　この度はC&R研究所の書籍をお買いあげいただきましてありがとうございます。本書の内容に関するお問い合わせは、「書名」「該当するページ番号」「返信先」を必ず明記の上、C&R研究所のホームページ(https://www.c-r.com/)の右上の「お問い合わせ」をクリックし、専用フォームからお送りいただくか、FAXまたは郵送で次の宛先までお送りください。お電話でのお問い合わせや本書の内容とは直接的に関係のない事柄に関するご質問にはお答えできませんので、あらかじめご了承ください。

〒950-3122　新潟市北区西名目所4083-6
株式会社C&R研究所　編集部
FAX 025-258-2801
『金利で得する「金利計算ブック」』サポート係

はじめに

2024年、日本銀行は長く続いたマイナス金利政策を終了し、0.25％の政策金利を導入しました。この歴史的な転換点は、日本経済に大きな影響を与え、多くの人々が金利について再び考え始めるきっかけとなりました。

私が本書を執筆する動機は、2つの重要出来事にあります。第一に、私が四半世紀以上前の1996年に出版した『電卓で金利計算』(オーエス出版社刊)の読者から、「デジタルで金利計算」という提案をいただいたことです。約30年の時を経て、PCやスマホ、プログラミング言語などデジタルツールが進化し、金利計算の方法も進化を遂げていること。第二に、2024年の日銀の政策転換により、日本が再び「金利のある世界」へと踏み出したことです。

日本は四半世紀もの間、ゼロ金利やマイナス金利という環境に置かれてきました。銀行に預金をしてもほとんど利息がつかず、むしろ手数料や時間コストがかかるという状況でした。その結果、多くの人々が金利や金利計算について学ぶ機会を失い、投資や資産運用に対する関心も低下していました。

本書の目的は、この新しい金利環境において、日本の皆様が金利や金利計算の重要性を再認識し、それを実生活に生かす方法を学ぶ手助けをすることです。そしてこの本を手にした読者の方が「払う金利」「もらう利子」の重みや感覚を取り戻してほしいのです。金利は、利率・期間・複利などの運用基準、解約や前払いのどの運用オプショ

ンなどによって重さが大きく変化します。

　本書では、課題ごとに用語の解説や算式と事例に加えてデジタル
ツールを使った金利計算の方法から、賢い資産運用のテクニックま
で、幅広くカバーしています。読者の皆様が本書を通じて経済的に
豊かになる一助となれば幸いです。

　さあ、金利のある世界へと一歩踏み出し、共に賢く生きる方法を
探求しましょう。

▶謝辞

　本書の執筆にあたり、多くの方々のご協力をいただきました。ま
ず、旧著『電卓で金利計算』の読者であり、本書のヒントをいただい
た橋本桂一さんに心から感謝申し上げます。また、本著の共著者と
して金利計算ロジックと事例を執筆いただいた、行政書士・経営コ
ンサルタントの瀬崎昌彦さんにも深く感謝いたします。さらに、本書
の編集に際して多大な協力をいただいた株式会社 C&R研究所 編
集部 部長の吉成明久さんに、心から御礼申し上げます。

2025年3月

著者を代表して

杉田利雄

本書について

▶本書の構成

本書では、第1章で金利にまつわる基本的な知識などの概要について説明しています。

第2章以降では、それぞれの章でカテゴリに分け、金利計算について、数式を示しつつ、解説と事例の計算を掲載しています。また、Excelで計算するための計算式も掲載しています。

▶本書での金利計算についての注意事項

本書の金利計算では、基本的に税金や手数料は考慮していません。また、1年の日数は365日で計算しています。

利率については、あくまで例として執筆時点の現状とは異なる利率を例題としています。

計算結果については計算途中で小数点をどの位で丸めるかによって、誤差が生じる場合があります。

なお、本書では数学的な解説は割愛していますので、必要に応じて専門書などをご参照ください。

▶本書に記載の計算式について

本書に記載の計算式については、四則演算(足し算、引き算、掛け算、割り算)とべき乗、および対数(底を10とする常用対数)を利用しています。そのため、関数電卓や、パソコンやスマートフォンの電卓アプリの関数計算の機能で計算することができます(各アプリの使い方などについてはヘルプなどをご確認ください)。

また、Excel中の数式についても解説に記載の数式に合わせ、基本的に、四則演算(足し算、引き算、掛け算、割り算)とべき乗、および対数を利用しています(対数についてはExcelの関数を利用しています)。

Excel上での四則演算とべき乗は、下表の記号を使って行います。

算術	記号	例	例の意味
足し算	+	a+b	aとbを足す
引き算	-	a-b	aからbを引く
掛け算	*	a*b	aとbを掛ける($a \times b$)
割り算	/	a/b	aをbで割る($a \div b$)
べき乗	^	a^b	aのb乗(a^b)

なお、Excel上の表示については表示形式の「小数点の桁数」で表示する桁数を設定していますが、その場合、その桁数の1つ下の桁で四捨五入されて表示されるため、実際とは異なる場合があるのでご注意ください。

ちなみに、Excelには複雑な数式を使わなくても金利などの計算ができる関数が用意されていますが、本書では説明していません。Excelの関数による計算方法については別途、専門の書籍などをご参照ください。

●Excelファイルのサンプルについて

　第2章以降の金利計算については、一部の項目を除き、Excel
でのサンプルを用意し、読者の皆さまが自由にお使いいただけ
るようにC&R研究所のホームページからダウンロードできるよう
になっています。サンプルをダウンロードするには次のように操
作します。

❶ 「https://www.c-r.com/」にアクセスします。

❷ トップページ左上の「商品検索」欄に「478-9」と入力し、[検索]
　 ボタンをクリックします。

❸ 検索結果が表示されるので、本書の書名のリンクをクリックし
　 ます。

❹ 書籍詳細ページが表示されるので、[サンプルデータダウン
　 ロード]ボタンをクリックします。

❺ 下記の「ユーザー名」と「パスワード」を入力し、ダウンロード
　 ページにアクセスします。

❻ リンク先のファイルをダウンロードし、保存します。

> サンプルのダウンロードに必要な
> ユーザー名とパスワード
>
> **ユーザー名** **kinri**
> **パスワード** **ss82m**

※ユーザー名・パスワードは、半角
英数字で入力してください。また、
「J」と「j」や「K」と「k」などの大文字
と小文字の違いもありますので、
よく確認して入力してください。

　サンプルは、各章ごとのフォルダに分け、各項目の番号に合わ
せたファイル名(例：sec20.xlsx)でExcelファイルを入れてあり
ます。サンプルはzip形式で圧縮してありますので、展開(解凍)
してお使いください。

CONTENTS

第 1 章 金利にまつわる基礎知識

01 金利とは ……………………………………………………14
 COLUMN 金利と利回りの使い分け ……………………………16
 COLUMN 投資目的やリスク許容度に応じて商品を選ぶ…………20
 COLUMN ビッグとは ……………………………………………23

02 債券とは ……………………………………………………27

03 投資信託(ファンド)とは……………………………………31
 COLUMN 投資信託は初心者にも適した金融商品 ………………33

04 株式投資とは ………………………………………………37

第 2 章 利率と利回りの基本的な計算

05 単利と複利を比較する ……………………………………44
06 利率と利回りを比較する ……………………………………46
07 利息から利率を計算する …………………………………49
08 手元にあるお金を2倍にするための年数を計算する…………52
09 利回りと真の利率を比較する ……………………………55
10 表向きの利率から真の利率を計算する …………………58
11 半年利率と月利率の実際を計算する ……………………60
12 利息の前払いと後払いの違い ……………………………62
13 複利終価率を計算する ……………………………………63

CONTENTS

14 複利現価率を計算する …………………………………………65
15 日利率と日歩を比較する …………………………………………67
16 日歩を年利率に換算する …………………………………………69

 預貯金に関する金利・利回り計算

17 20年後に500万円にするには、
　　　　　　今いくら預金すればいいのか計算する ………74
18 単利、年複利、半年複利で預金の元利合計を比較する ……76
19 毎年50万ずつ預金すると
　　　　　　20年後にはいくらになるか計算する ……78
20 25歳から50歳までに2000万円を貯めるための
　　　　　　毎年の預金額を計算する ……80
21 月掛預金を計算する ……………………………………………82
22 普通預金の利息を計算する ……………………………………84
23 定期預金の利息を計算する ……………………………………86
24 定期預金の先掛割引料と延滞利息を計算する ………………88
25 定期預金の損益分岐点を計算する ……………………………91
26 定額貯金に預けて中途解約したときの
　　　　　　手取金額を計算する ……………95
27 貯金したままがいいのか、預け直すべきなのかを比較する…97

CONTENTS

28 定期預金の実際の計算方法 …………………………………… 101
29 期日指定定期預金の元利合計を計算する ………………… 104
30 今後20年間、毎年200万円を受け取るには
　　　　　　いくら預ければいいか計算する …… 106
31 今、2000万円を預けると年200万円が
　　　　　　何年間受け取れるか計算する …… 108
32 今、2000万円を預けると10年間で
　　　　　　毎年いくら受け取れるか計算する …… 110

第4章 投資に関する金利・利回り計算

33 株式の利回りを計算する ………………………………… 114
34 条件を揃えて金融商品を比べる ………………………… 117
35 どの金融商品が有利か比較する ………………………… 119
36 債券の売買代価を計算する ……………………………… 124
37 債券に人気が出ると利回りがどうなるか計算する ………… 126
38 中期国債ファンドやワイドの複利計算を行う ……………… 129
39 債券の年利が複利で何%になるか計算する ……………… 131
40 債券が額面金額100円について
　　　　　　いくらの評価額になるか計算する …… 133

CONTENTS

41 割引債券の利回りを計算する ……………………………… 136

42 転換社債を評価する ……………………………………… 138

第5章 ローンに関する金利計算

43 ローンの返済方式の違いによる返済総額を計算する …… 142

44 元金均等返済方式での返済額を計算する ………………… 146

45 元金均等返済方式の利息の合計を計算する ……………… 149

46 元金均等返済方式で特定の回の返済額を計算する ……… 151

47 住宅ローンの月々の返済額を計算する …………………… 152

48 毎月10万円の返済計画で
　　　　　住宅ローンをいくら借りられるか計算する……… 154

49 元利均等返済方式での返済回数を計算する ……………… 156

50 元利均等返済方式で
　　　　　借入金残高がいくらあるか計算する …… 158

51 ボーナス併用で住宅ローンを返済する場合の
　　　　　　　　　　返済額を計算する…… 160

52 年賦償還率を使って住宅ローンを簡単に計算する ……… 163

53 アドオン方式での毎回の返済額を計算する ……………… 165

54 「10万円借りて1日たったコーヒー1杯」の場合の
　　　　　　　　　　年利を計算する…… 167

11

CONTENTS

第6章 その他

55 手形の割引料と割引手取金を計算する ……………………… 170

56 手形を振り出して100万円の手取りにしたいときの

額面金額を計算する …… 172

57 会社が借りているお金の実質金利を計算する …………… 174

58 金利計算で設備投資するかを決める ……………………… 176

59 設備投資でどちらの機械を選ぶと得か計算する ………… 178

第1章
金利にまつわる基礎知識

SECTION 01 金利とは

　日本は長らく、ゼロ金利やマイナス金利の時代を過ごしてきましたが、2024年から金利ある世界に入りました。そこで、一般的な社会人に金利をわかりやすく説明します。

　金利とは、お金を借りたり預けたりする際に発生する「レンタル料」のようなものです。具体的には、借りたお金に対して支払う対価や、預けたお金に対して受け取る報酬の割合を指します。通常、パーセンテージ（%）で表されます。

▶金利の基本的な仕組み

　金利の基本的な仕組みは次の通りです。

▶お金を借りる場合

　たとえば、銀行から100万円を借りるとします。金利が年5%の場合、1年後には借りた100万円に加えて5万円（100万円の5%）を返済する必要があります。

　金利が高いほど、返済額も増えるため、借りる際には金利をよく確認することが重要です。

▶お金を預ける場合

　銀行に100万円を預けるとします。金利が年1%の場合、1年後には預けた100万円に加えて1万円（100万円の1%）の利息を受け取ることができます。

　金利が高いほど、受け取る利息も増えるため、預ける際には金利を確認することが大切です。

SECTION 01 ● 金利とは

▶ 金利の種類

金利にはいくつかの種類がありますが、借入に関する金利について主なものを紹介します。貸付や投資・資産運用では金利の他に利回りという概念や計算が必要になります。詳しくは、後のページで確認ください。

◎借入に関する主な金利

金利の種類	説明
固定金利	借入期間中ずっと同じ金利が適用されるもの。返済計画が立てやすくなっている
変動金利	市場の金利動向に応じて変わる金利。金利が下がれば返済額も減るが、上がると返済額が増えるリスクがある

▶ 金利が生活に与える影響

金利は私たちの生活に大きな影響を与えるので無関心ではいられません。

◉ ローンに対する影響

住宅ローンや自動車ローンなどの借入金利が上がると、返済額が増えるため、家計に負担がかかります。

◉ 預貯金に対する影響

預金金利が上がると、銀行に預けたお金から得られる利息が増えるため、貯蓄が増えやすくなります。

金利の動向を理解しておくことで、賢くお金を管理し、将来の計画を立てる際に役立ちます。

第1章　金利にまつわる基礎知識

15

SECTION 01 ● 金利とは

●金利と利回りの違い

ここでは金利と利回りの違いを説明します。

▶ 金利

金利とは、元本に対してどれだけの利子がつくのかという割合のことを指します。たとえば、銀行にお金を預けると、その預けた金額に対して一定の割合で利子がつきます。この割合が金利です。金利は通常、年利(1年間でつく利子の割合)で表されます。

▶ 利回り

利回りとは、投資した金額に対して得られる収益の割合を示します。たとえば、株式や債券に投資した場合、その投資から得られる収益(配当金や利息など)の割合が利回りです。利回りは、投資のパフォーマンス(投資効率)を測る指標として使われます。

COLUMN	金利と利回りの使い分け

金利は、元本に対する利子の割合を示し、主に預金や貸付に関連します。

利回りは、投資金額に対する収益の割合を示し、投資のパフォーマンスを評価するために使われます。

たとえば、100万円を年利2%の定期預金に預けると、1年間で2万円の利子がつきます。これが金利です。一方、100万円を株式に投資して、1年間で5万円の配当金を得た場合、利回りは5%となります。

SECTION 01 ● 金利とは

●貸付(運用)する場合の固定金利と変動金利はどう違うのか

　金利には、固定金利と変動金利の2種類があります。本来、金融情勢によって金利は変動するものですが、たとえば定額貯金では、満期になって受け取れる元利合計金額があらかじめ決められているのです。これが固定金利で、預けている間は利子率を変えないというものです。最初の金利が最後まで適用されます。

　一方、変動金利は、経済金融情勢の変化に伴って金利が変動するものです。日本では2000年まで信託銀行で販売されていたビッグ(収益満期受取型貸付信託)は、期間5年の金融商品ですが、これは預け入れから半年ごとに金利が見直される変動金利になっていました。

　そこで、どちらの金利を選ぶかというと、これから金利が上がっていく情勢にあれば変動金利のほうが有利ですし、反対に下がっていく情勢にあれば固定金利を選ぶべきです。

　以上はお金を預ける場合で、お金を借りるローンではこれとは逆になってきます。

　たとえば、住宅ローンでは、これから金利が上がっていくとみられるときには、固定金利が有利になると考えられます。変動金利では、融資側の金利見直しにより支払金額が借り手の思惑以上に増えてしまうことがあります。

　固定金利は、郵便局の貯金や一般銀行の定期預金などです。変動金利の金融商品としては、信託銀行の金銭信託や、証券会社の公社債投信などがあります。

　固定金利と変動金利の商品の選別は、いつどのような時点において預貯金の形態を変更すればより有利なのかを自ら計算し判断できるようになりたいものです。

第1章　金利にまつわる基礎知識

17

SECTION 01 ● 金利とは

▶ 固定金利の商品

国内で販売されている固定金利の金融商品には、次のようなものがあります。

● 定期預金

一定期間預け入れることで、固定金利が適用される預金商品です。満期まで金利が変わらないため、安定した利息を得ることができます。

- メリット
  - 元本保証があり、リスクが低い。
- デメリット
  - 金利が低い場合、インフレに対して実質的な利回りが低くなる可能性がある。

● 個人向け国債（固定金利型）

政府が発行する債券で、固定金利型のものがあります。満期まで保有することで、元本と利息が保証されます。

- メリット
  - 安全性が高く、元本保証がある。
- デメリット
  - 流動性が低く、途中解約には制限がある。

● 社債（固定金利型）

企業が発行する債券で、固定金利型のものがあります。満期まで保有することで、元本と利息が保証されます。

- メリット
  - 企業の信用力に応じた利回りが期待できる。
- デメリット
  - 企業の信用リスクがあり、元本割れの可能性もある。

SECTION 01 ● 金利とは

▶ 変動金利の商品

国内で販売されている変動金利の金融商品には、次のようなものがあります。

◉ 変動金利型定期預金

市場金利に連動して金利が変動する定期預金です。金利が上昇すると利息も増えます。

- メリット
  - 金利上昇局面では有利に働く。
- デメリット
  - 金利が下がると利息も減少するため、収益が不安定になる可能性がある。

◉ 投資信託（変動金利型）

市場金利に応じて分配金が変動する投資信託です。債券や短期金融商品に投資することで、金利変動の影響を受けます。

- メリット
  - 金利上昇時に高い分配金が期待できる。
- デメリット
  - 元本保証がなく、運用成績によっては損失が発生する可能性がある。

◉ 金利スワップ

固定金利と変動金利を交換するデリバティブ商品です。企業や金融機関が金利リスクをヘッジするために利用します。

- メリット
  - 金利リスクの管理が可能。
- デメリット
  - デリバティブ取引のため、専門的な知識が必要。

第1章　金利にまつわる基礎知識

SECTION 01 ● 金利とは

◉ 変動金利型社債

企業が発行する債券で、金利が市場金利に連動して変動します。金利が上昇すると利息も増えます。

- メリット
  - 金利上昇局面では高い利息が期待できる。
- デメリット
  - 企業の信用リスクがあり、元本割れの可能性もある。

COLUMN	投資目的やリスク許容度に応じて商品を選ぶ

これらの固定金利商品や変動金商品は、それぞれ異なる特徴とリスク・リターンのバランスを持っています。また、投資や資産運用においては、利回りや売買差益という利率とは異なる概念や計算方法の商品があります。自分の投資目的やリスク許容度に応じて、適切な商品を選ぶことが重要です。

▶ 規制金利と自由金利

金利には、規制金利と自由金利という分類があります。現代の金融情勢に合わせて、これらの金利の違いと現状について説明します。

▶ 規制金利

規制金利とは、法令や政府の政策によって定められた金利のことです。かつては、銀行のスーパー定期預金や期日指定定期預金などが規制金利の対象でしたが、現在ではほとんどの預金金利が自由化されています。

▶ 自由金利

自由金利とは、金融機関が市場の需要と供給に基づいて自由に設定する金利のことです。現在では、ほとんどの定期預金や普通預金が自由金利となっています。

SECTION 01 ● 金利とは

▶ 現在の状況

　現在、すべての定期預金金利は自由化されており、銀行が市場の動向に応じて金利を設定しています。たとえば、財形貯蓄の一般財形預金や財形年金預金、スーパー定期預金なども自由金利が適用されています。

▶ 規制金利の役割

　規制金利は、公定歩合の変動に応じて法定で定められるもので、自由に決められるものではありません。一方、自由金利は取引当事者間で自由に決められますが、実際には銀行が標準的な利回りを示し、それが預金に対して自動的に適用されることが多いようです。

▶ 大口預金の金利交渉

　小口の預金では標準金利が適用されることが多いですが、大口預金の場合は交渉によって金利が上乗せされることがあります。数千万円程度の大口定期預金でも、銀行の標準金利が適用されることが多いですが、交渉次第で有利な金利を得ることが可能です。

● 金利はなぜ動くのか

　金利は、景気、為替、物価、季節的な金融の繁閑などに影響されて動きます。下記で、これらの要因が金利にどのように影響するかを説明します。

▶ 景気の影響

　景気が悪化すると、お金を借りる需要が減少し、金利は下がります。反対に、景気が良くなるとお金の需要が増加し、金利は上昇します。

SECTION 01 ● 金利とは

▶ 為替の影響

為替レートも金利に影響を与えます。たとえば、円高になると資金を円で保有する方が有利になり、長期国債が買われることで国債の価格が上昇し、利回りが低下します。逆に円安になると国債が売られ、価格が下がり、利回りが上昇します。

▶ 物価の影響

物価が上昇すると、同じ量の材料を購入するためにより多くのお金が必要となり、資金需要が増加します。これにより金利が上昇します。また、物価がさらに上昇すると予想される場合、企業は材料を多めに購入しようとするため、資金需要がさらに高まり、金利が上昇します。

▶ 季節的な影響

季節によっても金利は変動します。たとえば、企業の資金繰りが厳しくなる時期には、資金需要が増加し、金利が上昇することがあります。

このように、金利はさまざまな要因によって動きます。現在の金融情勢では、特に景気や物価の動向が金利に大きな影響を与えています。

●どの金融商品が短期・中期・長期か

日本においては、運用期間が1年以下の金融商品につく金利を短期金利、1年を超える金融商品につく金利を長期金利と呼びますが、厳密な区別はありません。

短期の金融商品としては、市場金利連動型預金、MMC（マネー・マーケット・サーティフィケート）と呼ばれる商品、割引金融債、大口定期預金、外貨定期預金などがあります。MMCは1985年に日本で発売されましたが、大口定期預金に吸収されるなどして事実上、廃止されました。

SECTION 01 ● 金利とは

　中期の金融商品には、ワイド、ビッグ、定期積金、期日指定定期預金、金銭利付国債、抵当証券、貸付信託、ダブル、利付金融債、長期国債ファンド、国債割引債口座などがあります。

　長期の金融商品としては、長期国債、事業債、円建て外貨ゼロクーポン債、国債定期口座、ハイパック、養老保険、変額保険などがあります。

　債券においては、1年以下を短期債、5〜6年程度のものを中期債、7年以上のものを長期債と一般的に呼びます。したがって、それぞれの運用期間、利率、運用方法を調べ、自分に最も適した商品を選択する必要があります。たとえば、定額貯金の金利は、途中で一切利子を受け取らずに元利合計を満期時に払い戻したときに実現する利回りですし、長期国債の利回りは、1年ごとに利息を受け取り続けて10年後に実現する利回りです。自分が将来どのようにお金を使いたいかによって商品を選択する必要があります。

　このように、金融商品の選択は運用期間や利率、運用方法を考慮して行うことが重要です。最新の金融情勢を踏まえ、自分に最適な商品を選びたいものです。

COLUMN	ビッグとは

　ビッグ(収益満期受取型貸付信託)は、かつて信託銀行で提供されていた金融商品です。現在では新規募集が停止されていますが、当時は変動金利型の金融商品として人気がありました。

第1章　金利にまつわる基礎知識

SECTION 01 ● 金利とは

●利回りはどの桁数まで

利率や利回りを表示する際の桁数には法的な決まりはありませんが、金融商品によって表示される小数点以下の桁数が異なります。利回りや利率の表示桁数は金融商品によって異なりますが、一般的には小数点以下2桁または3桁まで表示されます。端数は切り捨てることで、実際に実現可能な利率を表示することが求められます。

▶ 表示桁数の例

表示桁数の例は下表の通りです。

◎表示桁数の例

金融商品など	表示桁数
国内債券の表面利率	小数点以下1桁まで表示される
普通預金、定期預金、通常貯金、定額貯金、金銭信託、貸付信託	年平均利回りは小数点以下2桁まで表示される
中期国債ファンド	年平均利回りは小数点以下3桁まで表示される
公定歩合	0.25%刻みで動く
短期プライムレートなどの銀行貸出短期金利	小数点以下2桁まで表示される

▶ 端数の処理

どの金融商品でも、表示桁数以下の端数は切り捨てることが一般的なルールです。たとえば、普通預金の利率が1.165%であっても、小数点以下3桁目を四捨五入せずに1.16%として表示されます。これは、実際に実現できない数字を表示しないための措置です。銀行などの運用者にとっても、実現可能な利率を表示することが重要です。

SECTION 01 ● 金利とは

●消費者ローンと返済方式

　日本の金融機関では、住宅ローン、オートローン、進学ローン、暮しのローンなどといろいろな名称のもとに、消費者にお金を貸付けています。オートローンや電化ローンのように商品の購入に伴って、その資金を販売業者と提携して貸付けるものと、結婚・進学ローンや暮しローンのように、用途はさほど問われずに自由に使用できる資金を貸付けるものとがあります。住宅ローンは、どちらの方式のものもあります。

　返済は、月々支払う月賦式のもので、次のような方法があります。また、ボーナス併用払いも広く利用されています。

◎返済方式の種類

返済方式	毎月返済額	特徴	総支払利息の比較
元利均等返済方式	ほぼ一定	毎月返済額が一定、返済計画が立てやすい	中
アドオン方式	一定	計算は簡単だが、実質金利は高い	高
元金均等返済方式（利息逓減方式）	減少	毎月返済額が徐々に減少。総支払利息を抑えやすい	低

▶ 元利均等返済方式

　元利均等返済方式は毎回の返済額が一定になる方式です。返済当初は利息の割合が多く、徐々に元金の割合が増えます。返済期間中に金利が変わらなければ、毎月の返済額は一定です。

　通常、住宅ローンはこの方式ですが、繰り上げ返済することによって、返済期間を短縮したり、毎月の返済額を逓減したりできます。このとき、金融機関と金利の交渉も可能です。また、他行の低金利ローンへの借り換えも検討できます。

第1章　金利にまつわる基礎知識

25

SECTION 01 ● 金利とは

▶ アドオン方式

　貸付金にこの貸付金に対する全貸付期間の単利利息をプラスした合計額を、支払月数に均等に配分したものを月賦金とするものです。

▶ 元金均等返済方式

　元金均等返済方式は、住宅ローンや事業借入資金の返済方式の1つです。毎回の元金の返済額を一定にし、利息は前回の返済後の元金に対して計算するため、返済が進むにつれて徐々に減少します。

　住宅ローンの返済で、この元金均等返済方式は返済当初の返済額が多いため、選ばれません。一般に事業借入資金の返済は、この元金均等返済方式が大半となります。

債券とは

　債券は、国や企業などの発行体が投資家から資金を借り入れるために発行する有価証券です。債券を購入することで、投資家は発行体にお金を貸し、その見返りとして利息を受け取ります。債券には満期があり、満期日には額面金額が投資家に返済されます。

▶債券の種類

　債券は発行体によって次のように分類されます。

◎債券の種類

債券		説明
公債	国債	国が発行する債券
	地方債	地方自治体(県や市など)が発行する債券
特殊債	金融債	金融機関が発行する債券(例：興業債券)
	政府保証債	政府が元本や利息の支払いを保証する債券
	その他	放送債券など
社債	電力債	電力会社が発行する債券
	事業債	企業が資金調達のために発行する債券

▶債券の特徴

　債券の特徴は次の通りです。

▶利率と利回り

　債券の利率は発行時に設定される固定の利息率です。一方、利回りは投資元本に対する収益の割合で、債券価格が変動することで変わります。

SECTION 02 ● 債券とは

▶利息の支払い

多くの債券は年2回の利息支払いが一般的です。利札（クーポン）が付いており、これを引き換えに利息が支払われます。

▶償還

債券が満期を迎えると、発行体は額面金額を投資家に返済します。これを償還と呼びます。

●債券の売買

債券は市場で売買されることがあり、その価格は発行体の信用度や市場の金利動向などによって変動します。債券相場は、額面金額100円に対して、0.05円刻みで表示します。たとえば105.45円というようになります。売買時には、前の利払日から売買当日までの経過利息を別途やり取りすることが一般的です。

●債券のリスク

債券投資には次のリスクがあります。

◎債券のリスク

リスク	説明
信用リスク	発行体が利息や元本を支払えなくなるリスク
金利リスク	市場金利の変動によって債券価格が変動するリスク
流動性リスク	市場で債券を売却する際に希望する価格で売れないリスク

債券は比較的安全性の高い投資商品とされていますが、リスクも存在するため、投資する際には発行体の信用度や市場動向をよく調べることが重要です。

●債券市場の主な表示項目

債券市場では、いくつかの重要な表示項目があります。これらの項目は、投資家が債券の価値やリスクを評価するために使用されます。

SECTION 02 ● 債券とは

　下記に主な表示項目とその意味を説明します。これらの表示項目を理解することで、債券投資のリスクとリターンをより正確に評価することができます。

▶ 発行体

　発行体とは、債券を発行する組織や政府機関のことです。発行体の信用度が債券のリスクに大きく影響します。

▶ 額面価格

　額面価格とは債券の元本の金額で、満期時に投資家に返済される金額です。通常は1,000ドルや100万円などの単位で設定されます。

▶ 利率（クーポン金利）

　利率（クーポン金利）とは、債券の発行体が投資家に支払う利息の割合です。通常、額面価格に対する年率で表されます。たとえば、5%の利率であれば、額面価格1,000ドルに対して年間50ドルの利息が支払われます。

▶ 利回り

　利回りとは、債券の全体的なリターンを示す指標で、利息の支払いと債券が満期前に売却された場合のキャピタルゲインまたは損失を考慮します。利回りには次の種類があります。

◎利回りの種類

利回り	説明
現在利回り	年間利息支払いを現在の市場価格で割ったもの
満期までの利回り（YTM、最終利回り）	債券を満期まで保有した場合に受け取れるトータルリターン。 最終利回り＝ （表面利率 ＋（償還価額 － 購入価額）÷ 残存年数） ÷ 借入価額（%）

第1章　金利にまつわる基礎知識

SECTION 02 ● 債券とは

▶ 満期日

満期日とは、債券の元本が返済される日です。満期日は数カ月から30年またはそれ以上の範囲で設定されます。

▶ クーポン支払日

クーポン支払日とは、利息が支払われる日です。多くの場合、年2回の支払いが一般的です。

▶ 信用格付け

信用格付けとは、債券の信用度を評価する指標で、ムーディーズやスタンダード・アンド・プアーズなどの格付け機関によって提供されます。信用格付けは、債券のリスクとリターンを評価するために重要です。

▶ 債券市場の表示例

「価格」は債券の取引価格で、額面金額100円に対して0.05円刻みで表示されます。たとえば、105.45円のように表示されます。

「経過利息」は前の利払日から売買当日までの利息です。売買時に別途やり取りされます。

◎債券市場の表示例(楽天証券)

発行体	インテル
格付け（※1）⑦	Baa1(Moody's)/BBB+(S&P)
起債通貨	USD
額面	1,000USD
発行価格	額面金額の99.797%
利率⑦	年4.9%（USD ベース）
利払日	毎年2月5日、8月5日（年2回）
償還日	2052/8/5
発行日	2022/8/5
販売単位	2,000USD以上、2,000USD単位での販売
その他	（※1）格付けは予告なく変更される場合があります。利率は全期間固定です。2024年7月に外国債券情報（経理の概要）を更新いたしました。

投資信託(ファンド)とは

投資信託(ファンド)は、多くの投資家から集めたお金を1つの大きな資金としてまとめ、運用の専門家が株式や債券などに投資・運用するアクティブ型ファンドや、日経225やS&P500、原油先物などの公開されている指標(インデックス)と連動するように設計されているインデックス型(パッシブ型ともいう)ファンドの金融商品です。その運用成果(利益や損失)は、投資家それぞれの投資額に応じて分配されます。

▶投資信託の仕組み

投資信託の仕組みは次の通りです。

▶ 資金の集め方

投資信託は、銀行や証券会社などを通じて販売されます。投資家はこれらの金融機関を通じて投資信託を購入します。

▶ 運用の専門家

集められた資金は、運用の専門家(ファンドマネージャー)によって運用されます。ファンドマネージャーは、経済や市場の動向を分析し、どの株式や債券に投資するかを決定します。インデックス型ファンドは予定の指標(インデックス)と連動されるため、ファンドマネージャーは原則として存在しません。

▶ 分配金

運用によって得られた利益は、投資家に分配されます。分配金は、定期的に支払われることが多いです。

SECTION 03 ● 投資信託(ファンド)とは

▶投資信託のメリット

投資信託のメリットは次の通りです。

▶ 少額から始められる

投資信託は、多くの投資家から資金を集めるため、少額からでも投資を始めることができます。これにより、初めての投資でも安心して取り組むことができます。

▶ 専門家に運用を任せられる

投資信託は、運用のプロが資産を運用するため、投資家自身が市場を分析したり、投資先を選んだりする必要がありません。

▶ 分散投資ができる

投資信託は、複数の株式や債券に投資するため、リスクを分散することができます。これにより、一つの投資先が不調でも全体のリスクを抑えることができます。

▶投資信託のデメリット

投資信託のデメリットは次の通りです。

▶ 元本保証がない

投資信託は元本保証がないため、投資した金額が減少するリスクがあります。市場の動向によっては、損失が発生することもあります。

▶ 手数料がかかる

投資信託には、購入時手数料や運用管理費用(信託報酬)などの手数料がかかります。これらの手数料は、投資信託の運用成績に影響を与えることがあります。一般にインデックス型ファンドは信託報酬が安いとされています。

SECTION 03 ● 投資信託(ファンド)とは

| COLUMN | **投資信託は初心者にも適した金融商品** |

　投資信託は、少額から始められ、専門家に運用を任せられるため、投資初心者にも適した金融商品です。ただし、元本保証がないため、リスクを理解した上で投資することが重要です。投資信託を選ぶ際には、運用方針や手数料などをよく確認し、自分に合った商品を選びだします。投資信託自体が、株式や債券の銘柄投資と比較して分散型投資となりますが、時間の分散(積立型投資など)も考えたいものです。

▶新NISA

　新NISA(少額投資非課税制度)は、2024年から始まった新しい制度で、投資信託などの金融商品を購入する際に得られる利益が非課税になる仕組みです。新NISAの特徴は次のようになります。

▶ 非課税保有期間の無期限化

　新NISAでは、非課税で保有できる期間が無期限となります。これにより、長期的な資産運用がしやすくなります。

▶ 年間最大非課税投資枠

　新NISAには、年間最大360万円の非課税投資枠があります。この枠内で得られた利益は非課税となります。

▶ 投資枠の種類

　新NISAには「つみたて投資枠」と「成長投資枠」の2種類があります。

◎新NISAの投資枠の種類

種類	説明
つみたて投資枠	年間120万円までの積立投資が対象
成長投資枠	年間240万円までの一括投資が対象

第1章　金利にまつわる基礎知識

SECTION 03 ● 投資信託(ファンド)とは

▶ 新NISAと投資信託の組み合わせ

新NISAを利用して投資信託を購入することで、次のメリットがあります。

◉非課税の恩恵

新NISAを利用することで、投資信託から得られる配当金や売却益が非課税となります。

◉長期的な資産形成

非課税保有期間が無期限であるため、長期的な資産形成がしやすくなります。

▶ 効率的な資産形成

新NISAは、投資信託を利用した資産運用に非常に適した制度です。少額から始められ、専門家に運用を任せられる投資信託と、新NISAの非課税メリットを組み合わせることで、効率的に資産を増やすことができます。

◉投資信託のリスクとリターン

投資信託のリスクとリターンは次のようになります。

▶ 投資信託のリスク

投資信託(ファンド)は2025年現在において世界の投資商品の中心的存在で、数多くの運用会社(三菱UFJアセットマネジメント、楽天投資顧問、ブラックロックなど)によりファンド数について約1万4,000本、運用金額において74兆ドル(約1京1,000兆円)が市場に提供されています。

SECTION 03 ● 投資信託（ファンド）とは

　3年間の運用で2倍になった、5年間で3倍になったと優良な投資商品として紹介される一方で、投資信託は長い歴史の中でバブル崩壊（1991年からおおよそ30年間）後に元本割れから償還延長という投資家泣かせの銘柄（商品）を多数出しました。中には6,000円割れ（元本1万円）の銘柄も出るほどでした。

　投資信託は、元本保証されないリスクある投資商品と考えられます。

▶ 投信のリスクとリターンによる分類

　投資信託は、いくつかに分類できますが、いずれも価格変動商品なのです。そのうち、価格変動の安定したものに、公社債投資があります。これは、公社債を中心に運用されるもので、株式はいっさい組み入れないファンドから、安定した利回りが期待できます。一方で、金利水準が高いときには、利回りの高い公社債を組み入れて高い収益が得られますが、低金利時代では低い利回りとなります。

　一方で、株式中心組み入れの投資信託は、価格変動（ボラティリティ）の大きい投資商品といえます。値段が毎日新聞に公表されますから、その値動きを見ながら慎重に投資することが望まれます。株価の動きをストレートに反映するので、大きな値下がりによる損失のリスクがあります。

　これらのことから投資信託は「つみたて投資」、つまり、コツコツと長期間の積立型の投資商品といえます。

第1章　金利にまつわる基礎知識

SECTION 03 ● 投資信託(ファンド)とは

▶ 中期国債ファンド

　中期国債ファンドも投資信託の一種です。中期国債ファンドは、主に中期(5〜10年程度)の国債に投資する投資信託です。中期国債は比較的安定した利回りを提供するため、中期国債ファンドも安定した収益を期待できます。複数の国債に分散投資することで、リスクを抑えることができます。国債は信用リスクが低いため、比較的安全な投資先とされています。国債は政府が発行するため、信用リスクが低く、安定した収益を期待できます。また、投資信託として運用されるため、必要なときに換金しやすい投資商品となっています。

　中期国債ファンドはかつては人気商品でしたが、2016年以降、日本銀行がマイナス金利政策を始めたこともあり、日本で取り扱う運用会社はなくなったようです。

株式投資とは

　株式投資は、企業が発行する株式を購入(出資)し、その企業の一部を株主として所有することを意味します。株式投資は、企業の成長を支援しながら自分の資産を増やす手段として、長年に渡り多くの人に利用されています。

▶ 株式とは

　株式は企業が資金を調達するために発行する証券です。かつては、株券(株式証券)を発行していましたが、近時はほとんどのケースで名簿管理となっています。

　株式を購入することで、投資家はその企業の一部を株主として所有することになります。株主は、株主総会の議決権と当該企業の配当金を受け取る権利を持ちます。また株主優待券を提供する株式会社もあります。

　証券取引所(日本では東京証券取引所など)に上場する株式は、証券市場で売買することができます。

▶ 利益の得方

　株式投資は、定期預金や国債購入などと同じく資産形成の一手段です。株式投資で株主が期待する利益は、大きく次の2点です。

▶ キャピタルゲイン

　キャピタルゲインとは、株価が上昇したときに売却することで得られる利益のことです。購入価格(株価)よりも売却価格が高いときにその差額から売買手数料や税金を引いた額が利益となります。

SECTION 04 ● 株式投資とは

▶ インカムゲイン

インカムゲインとは、配当金や株主優待など、株式を保有することで得られる利益のことです。。インカムゲインは、株式発行会社が指定する日に株主名簿に掲載されていることが条件となります。

●リスクとリターン

株式投資は高いリターンを期待できる一方で、企業の業績悪化や市場の変動により期待値を下回ったり損失を被ったりするリスクもあります。投資の世界では、よくハイリスクハイリターンという言葉が使われます。高いリターンを期待する銘柄は、より高いリスクを孕んでいるといものです。短期間に株価が10倍以上に跳ね上がる「テンバガー」株がある一方で、株価が0、無価値となる倒産劇もあるのが株式投資です。

●株式投資の始め方(証券口座と銘柄選定)

日本株の株式投資は原則として、日本の証券会社に自分の証券口座を開設することから始めます。この証券口座に日本円や米ドルなどを入金します。原則、この残高の範囲内で株式を購入します。ただし信用取引や株価指数先物取引といった保証金を担保にレバレッジが可能な金融商品や金融取引もあり、証券口座の残高を超えた取引も可能な高度な投資手法もあります。

▶ 証券会社の選び方

証券会社は大きく分けて「ネット証券」と「従来型の証券会社(対面型証券会社)」の2つに分類されます。

◉ ネット証券

インターネットを通じてPCやスマートフォン、タブレットなどで取引を行う証券会社です。ネット証券は、店舗がなく手数料が低く、取引ツールが充実していることが多いといわれます。

SECTION 04 ● 株式投資とは

　ネット証券大手の楽天証券やSBI証券は、手数料が安く（通常の株式売買手数料は無料）、取引指示は24時間可能で、投資判断に必要な情報の提供が多く、多様な取引ツールが用意されています。

　一方で常設の店舗がないことから対面でのサポートが少ないといえます。対面での人的サポートがないことから投資初心者にはハードルが高い証券口座という評価があります。

● 従来型の証券会社（対面型証券会社）

　一般に商業地域に店舗を持ち、対面での相談や取引が可能な証券会社です。担当者がついたり、サポートしてくれたりすることが多いことから投資初心者向けという評価があります。専門家のアドバイスが受けられることを、メリットと考えるか、他人のバイアスが掛かったデメリットな取引と考えるか、相反する判断があります。少なくともサポートが充実していることは利点といえます。

　一方で、店舗型の証券口座は、ネット証券に比較して手数料が高めなこと、売買は電話だとしてもいくつかの手続きは店舗に行く必要があります。

　どちらを選ぶかは、投資スタイルやサポートの必要性によります。たとえば、手数料を抑えたい場合や自分で取引を行いたい場合はネット証券が向いています。一方、銘柄選択などについて専門家のアドバイスを受けたり、投資に係る情報提供やその判断を受けたりしたい場合は、従来型の証券会社が適しているといわれます。

● 手数料

　売買手数料や口座管理料など、各証券会社の手数料体系は各社まちまちです。投資家にとっては、手数料が低いほど、利益を最大化しやすくなります。ネット証券でも予約することで、有料となる場合が多いですが専門家の投資アドバイスを受けられます。

第1章　金利にまつわる基礎知識

39

SECTION 04 ● 株式投資とは

◉ 取引ツール

　投資銘柄の選定や自らの投資利回りの算定など、投資家にとって使いやすい取引ツールやアプリが提供されているか確認しましょう。リアルタイムの株価情報だけでなく、投資対象企業の財務情報やファンダメンタル（業界情報）、チャート分析ツールがどの程度提供されているか、それは使いやすいかなども判断材料になります。

◉ サポート体制

　電話やチャットでのサポートが充実しているか、また初心者向けのセミナーや情報提供があるかを確認しましょう。これも重要な判断材料です。

◉ 取扱商品

　証券会社には、株式以外にも多様な投資商品を扱っています。証券口座を開設しようとする証券会社が、どれくらいの投資信託やETF、外国株、債券などを取り扱っているか確認しましす。取り扱い商品（ジャンルや銘柄）が多いほど、投資の幅が広がります。また、所有株式を証券会社に貸して金利を得る「貸株」制度や提携するカード会社のポイントを使って投資ができる制度など、投資家に有利や便利なサービスもあります。

▶ 銘柄の選び方

　銘柄の選び方は次のようになります。

◉ 業績分析

　企業の財務状況や業績を確認します。売上高や利益の推移、負債の状況などをチェックします。安定した成長が見込める企業が理想です。

SECTION 04 ● 株式投資とは

◉ 配当利回り

　配当金を重視する投資家は少なくありません。この場合は、配当利回りが高い銘柄を選びます。配当利回りは、年間配当金額を株価で割った値です。安定した配当を期待できるか否かの判断も大切です。日米の銘柄の中には、20年以上に渡り増配(有配でその上に配当金を増額)をしている会社もあります。

◉ 株主優待

　株主優待が充実している企業も魅力的と考える投資家もいます。投資先企業の株主優待が、自分の生活に役立つものであれば、配当と同様に利回りの上乗せと考えます。銘柄選定時は、優待も確認したいものです。

◉ 業界の将来性

　投資する企業が属する業界の将来性も重要です。多くの投資家が、成長が期待できる業界や、今後のトレンドに乗る業界を選ぶ傾向にあります。

◉ 株価指標

　PER(株価収益率)やPBR(株価純資産倍率)など、多数の株価指標があります。これらの指標は、株価が企業の価値に対して適正かどうかを判断するのに役立ちます。株価指標は、割安な銘柄を見つけたり、将来性の高い銘柄を見つけたりします。

◉ テクニカル分析

　株価チャートを分析し、買い時や売り時を見極めるテクニカル分析も有効です。移動平均線やRSI(相対力指数、「買われすぎ」「売られすぎ」の判断)などの指標を銘柄選定や売買タイミングに活用します。

第1章　金利にまつわる基礎知識

41

第2章
利率と利回りの基本的な計算

SECTION 05 単利と複利を比較する

今、年利5%の利率で100万円を預金したとします。この条件で4年後の元利合計はいくらになるでしょうか。税金についてはいっさい考えないことにします。

まず年利5%というのは、元金100万円に対して1年間に5%の利息がついてくるという意味です。つまり100万円 × 5% = 5万円で1年後には105万円が元利合計として戻ってくるのです。

単利の場合は元金100万円に対して利息がつくので、4年後には120万円となります。

一方、複利の預金では利息が出るたびに、それまでの元利合計に利息をプラスして元金とすることによって、次々と利息をつけていきます。つまり、次のような計算になります。

```
1年目：100万円 × (1 + 0.05) = 105万円
2年目：105万円 × (1 + 0.05) = 110万2,500円
3年目：110万2,500円 × (1 + 0.05) = 115万7,625円
4年目：115万7,625円 × (1 + 0.05) =
                          121万5,506.2円
```

上記の計算は、年複利ですが、郵便局の定額貯金や信託銀行のビックや債券銀行のワイドなど、6カ月複利のものもあります。

単利の計算式は次のようになります。

```
元利合計 = 元金 + (元金 × 年利率 × 年数)
```

複利の場合の計算式は次のようになります。

$$元利合計 = 元金 \times (1 + 年利率)^{年数}$$

SECTION 05 ● 単利と複利を比較する

この式で前述の条件で計算してみましょう。

単利の場合は次のようになります。

```
元利合計 = 元金 + (元金 × 年利率 × 年数)
       = 1,000,000 + (1,000,000 × 0.05 × 4)
       = 1,200,000円
```

複利の場合は次のようになります。

```
元利合計 = 元金 × (1 + 年利率)^年数
       = 1,000,000 × (1 + 0.05)^4
       = 1,000,000 × 1.21550625
       = 1215506.25
       ≒ 1,215,506円
```

▶ Excelでの計算(「第2章」→「sec05.xlsx」)

Excelでは次のようになります。

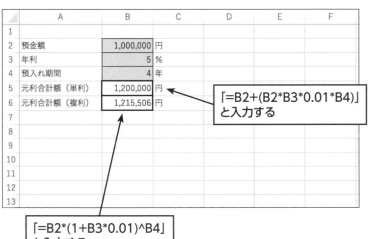

利率と利回りを比較する

新聞や雑誌の銀行の広告をよく見ると、「利率5%」や「利回り5%（年平均）」などと表示されていることがあります。銀行によって、あるいは商品によって、利率であったり、利回りであったりしているのです。この年利と利回りは、同じものではありません。その数字のままでは、どちらが有利なのかがわかりにくいのです。

比較するには利率から利回りを計算するか、利回りから利率を計算します。

ここでは利率から利回りを計算して比較してみましょう。年平均の利回りというのは、元金に対する元利合計の増加割合を預け入れた年数で割ったもので、1年当たりの平均値になります。

たとえば、元金が1、年利5%、年複利で20年間定額貯金をした場合を考えます。

その場合、将来価値は次の式で計算することができます。

```
将来価値 = 元金 × (元金 + 年利)^年数
       = 1 × (1 + 0.05)^20
       = 2.65329770514442
```

この将来価値から利回りは次の式で計算することができます。

```
利回り = (将来価値 - 元金) ÷ 元金
     = (2.65329770514442 - 1) ÷ 1
     = 1.65329770514442
```

SECTION 06 ● 利率と利回りを比較する

この利回りを年数で割ることで年平均の利回りを求めることができます。

年平均の利回り ＝ 利回り ÷ 年数
　　　　　　　 ＝ 1.65329770514442 ÷ 20
　　　　　　　 ＝ 0.0826648852572221
　　　　　　　 ≒ 8.27%

この計算から利率5%のほうが有利といえます。

今度は年平均の利回りから利率を計算してみましょう。年平均の利回りから利率を計算する計算式は次のようになります。

1期あたりの利率 ＝ （1 ＋ 年平均利回り）$^{(1 ÷ 1年間の期数)}$ － 1

年平均の利回りを5%、年間の期数を2回（利息の支払い回数が年2回）とした場合、1期あたりの利率は次のように計算できます。

1期あたりの利率 ＝ （1 ＋ 年平均利回り）$^{(1 ÷ 1年間の期数)}$ － 1
　　　　　　　　 ＝ （1 ＋ 0.05）$^{(1÷2)}$ － 1
　　　　　　　　 ＝ 1.05$^{0.5}$ － 1
　　　　　　　　 ＝ 0.02469507659596

利率 ＝ 1期あたりの利率 × 1年間の期数
　　 ＝ 0.02469507659596 × 2
　　 ＝ 0.04939015319192
　　 ≒ 4.94%

なお、年平均利回りが4.2%の金融商品に、元金200万円を5年間預けたとしたなら、満期時の手取利息は、この3つの数字をかけ算して、42万円と計算できます。

第2章　利率と利回りの基本的な計算

SECTION 06 ● 利率と利回りを比較する

●Excelでの計算(「第2章」→「sec06.xlsx」)

Excelでは次のようになります。

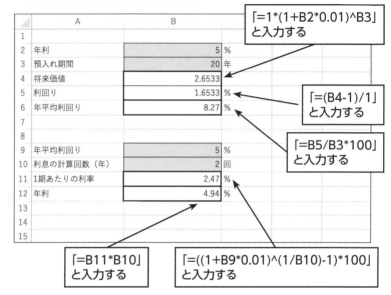

SECTION 07 利息から利率を計算する

　利息計算には、単利と複利があって、利率が比較的小さく短期間であればあまり差はありませんが、この利率が大きく長期間ということになると、その差は非常に大きなものになってきます。ただし、原則としては元金も利息も時々刻々膨張していくわけですから、複利が基本ということになります。ぜひとも複利についてマスターして、利息に強くなってほしいところです。

　ところが、銀行などの金融機関も、なぜか複利と単利をごちゃまぜにしていることがあります。ですから、利息を見るときには、真の利息と表向きの利率を混同しないように注意したいところです。

　たとえば、銀行のパンフレットに、次のように印刷されていたとします。

- 6カ月定期　元金 100万円　利息6カ月 2万5000円
  年5.00%
- 1年定期　元金 100万円　利息1年 5万6500円
  年5.65%
- 2年定期　元金 100万円　利息2年 12万円　年6.00%

まず元利合計は次の式で計算することができます。

元利合計 ＝ 元金 ×（1 ＋ 年利率）^{運用年数}

この式から年利率は次の式で求めることができます。

年利率 ＝（元利合計 ÷ 元金）$^{(1 ÷ 運用年数)}$ － 1

SECTION 07 ● 利息から利率を計算する

1年定期の場合、次のように計算でき、パンフレットの年率は正しいということになります。

$$
\begin{aligned}
年利率 &= (元利合計 \div 元金)^{(1 \div 運用年数)} - 1 \\
&= ((1,000,000 + 56,500) \div 1,000,000)^{(1 \div 1)} - 1 \\
&= 1,056,500 \div 1,000,000 - 1 \\
&= 0.0565 \\
&= 5.65\%
\end{aligned}
$$

それでは2年定期ではどうでしょうか。2年目の末に12万円の利息が支払われるので、真の利率は次のように計算されるはずです。

$$
\begin{aligned}
年利率 &= (元利合計 \div 元金)^{(1 \div 運用年数)} - 1 \\
&= ((1,000,000 + 120,000) \div 1,000,000)^{(1 \div 2)} - 1 \\
&= (1,120,000 \div 1,000,000)^{0.5} - 1 \\
&= 1.058300524425836 - 1 \\
&= 0.058300524425836 \\
&\fallingdotseq 5.83\%
\end{aligned}
$$

2年定期の場合、実際の利率はパンフレットに記載の6.00%よりも低くなります。

6カ月定期では次のように計算できます。

$$
\begin{aligned}
年利率 &= (元利合計 \div 元金)^{(1 \div 運用年数)} - 1 \\
&= ((1,000,000 + 25,000) \div 1,000,000)^{(1 \div 0.5)} - 1 \\
&= (1,025,000 \div 1,000,000)^{2} - 1 \\
&= 1.050625 - 1 \\
&= 1.050625 \\
&= 5.0625\%
\end{aligned}
$$

6カ月年定期の場合、実際の利率はパンフレットに記載の5.00%よりも高くなります。

SECTION 07 ● 利息から利率を計算する

●Excelでの計算(「第2章」→「sec07.xlsx」)

Excelでは次のようになります。

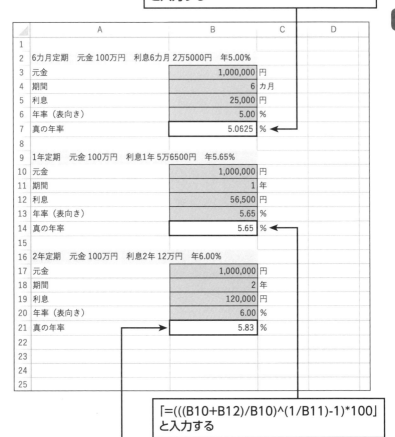

手元にあるお金を2倍にするための年数を計算する

手元にある金額が複利で2倍になるまでの期間を計算する方法で最も簡単なのが「72の法則」です。簡単な計算で概算の年数がわかるのですが、正確な数字ではないため、あくまで目安としてください。

72の法則の計算方法は次の通りです。

```
2倍になる年数（概算）＝ 72 ÷ 年利
```

たとえば、年利5%の場合は次のように計算できます。

```
2倍になる年数（概算）＝ 72 ÷ 年利
                  ＝ 72 ÷ 5
                  ＝ 14.4年
```

年利2%の場合は次の通りです。

```
2倍になる年数（概算）＝ 72 ÷ 年利
                  ＝ 72 ÷ 2
                  ＝ 36年
```

事例をもとにもう少し厳密に計算してみましょう。手元に500万円あって、年2%の複利で2倍の1000万円にするには何年必要なのかを計算してみます。

目標金額を求める複利の計算式は次のようになります。

```
目標金額 ＝ 元本 × (1＋年利率)^年数
```

SECTION 08 ● 手元にあるお金を2倍にするための年数を計算する

この式に上記の条件を当てはめると次のようになります。

$$10,000,000 = 5,000,000 \times (1+0.02)^{年数}$$

両辺を500万円で割り、左右を入れ替えると、次のようになります。

$$1.02^{年数} = 2$$

この式から年数を求めるために対数を利用します。対数について簡単に説明すると、

$x = a^p$

が成り立つとき、

$p = \log_a x$

となります。

また、

$\log_a x = \log_{10} x \div \log_{10} a$

が成り立ちます(対数についての詳細については専門書を参照してください)。

このことから年数は次のように求めることができます。

$$
\begin{aligned}
年数 &= \log_{1.02} 2 \\
&= \log_{10} 2 \div \log_{10} 1.02 \\
&= 0.301029995663981 \div 0.008600171761918 \\
&= 35.002788781144721
\end{aligned}
$$

SECTION 08 ● 手元にあるお金を2倍にするための年数を計算する

ここでは72の法則を紹介しましたが。他にも下記のような法則があります。

◎金利に関する法則

法則	説明
144の法則	資産が4倍になる年数を計算する法則 資産が4倍になる年数 ≒ 144 ÷ 年利率（％）
126の法則	積立投資で資産が2倍になる年数を計算する法則 資産が2倍になる年数 ≒ 126 ÷ 年利（％）
115の法則	資産が3倍になる年数を計算する法則 資産が3倍になる年数 ≒ 115 ÷ 年利（％）
100の法則	一括投資単利運用で資産が2倍になる年数を計算する法則 資産が2倍になる年数 ≒ 100 ÷ 年利（％）

●Excelでの計算（「第2章」→「sec08.xlsx」）

Excelでは次のようになります。

	A	B	C	D	E	F	G
1							
2	目標金額	10000000	円				
3	現在金額	5000000	円				
4	年利率	0.02					
5							
6	必要年数	35.0027888	年				
7							
8							
9							
10							

「=LOG(B2/B3)/LOG(1+B4)」
と入力する

SECTION 09 利回りと真の利率を比較する

郵便局で元金100万円の定額貯金のパンフレットに次のように記載されていたとして、年6.5%の銀行預金とどちらが有利なのかを考えてみます。

経過期間	元利合計	利回り(年)
1年	1,048,060円	4.81%
3年	1,194,050円	6.47%
5年	1,343,910円	6.88%
7年	1,512,580円	7.32%
10年	1,806,110円	8.06%

この利回りの表示は、名目のものです。真の利率はこの通りにはならないので、単純に年6.5%の利率を比べることはできません。比べるためにはそれぞれを真の利率に直すことが必要です。まず、経過期間1年の場合は4.81%つまり0.0481がそのまま真の利率になります。それでは、3年、5年、7年、10年の真の利率を計算してみましょう。

複利の場合の元利合計は次の式で計算することができます。

$$元利合計 = 元金 \times (1 + 年利率)^{運用年数}$$

この式を変形すると年利率は次の式で計算できます。

$$年利率 = (元利合計 \div 元金)^{(1 \div 運用年数)} - 1$$

SECTION 09 ● 利回りと真の利率を比較する

この式から3年、5年、7年、10年の真の利率は次のように計算することができます。

3年の年利率 ＝（元利合計 ÷ 元金）$^{(1 ÷ 運用年数)}$ － 1
　　　　　 ＝（1,194,050 ÷ 1,000,000）$^{(1 ÷ 3)}$ － 1
　　　　　 ＝ 1.19405$^{(1 ÷ 3)}$ － 1
　　　　　 ＝ 0.0608993198541
　　　　　 ≒ 6.09%

5年の年利率 ＝（元利合計 ÷ 元金）$^{(1 ÷ 運用年数)}$ － 1
　　　　　 ＝（1,343,910 ÷ 1,000,000）$^{(1 ÷ 5)}$ － 1
　　　　　 ＝ 1.343910$^{(1 ÷ 5)}$ － 1
　　　　　 ＝ 0.0608989928154556
　　　　　 ≒ 6.09%

7年の年利率 ＝（元利合計 ÷ 元金）$^{(1 ÷ 運用年数)}$ － 1
　　　　　 ＝（1,512,580 ÷ 1,000,000）$^{(1 ÷ 7)}$ － 1
　　　　　 ＝ 1.512580$^{(1 ÷ 7)}$ － 1
　　　　　 ＝ 0.060899025594785
　　　　　 ≒ 6.09%

10年の年利率 ＝（元利合計 ÷ 元金）$^{(1 ÷ 運用年数)}$ － 1
　　　　　 ＝（1,806,110 ÷ 1,000,000）$^{(1 ÷ 10)}$ － 1
　　　　　 ＝ 1.806110$^{(1 ÷ 10)}$ － 1
　　　　　 ＝ 0.060899927476162
　　　　　 ≒ 6.09%

SECTION 09 ● 利回りと真の利率を比較する

●Excelでの計算（「第2章」→「sec09.xlsx」）

Excelでは次のようになります。

	A	B	C	D	E	F	G
1							
2	元金	1,000,000	円				
3	経過期間	1	年				
4	元利合計額	1,048,060	円				
5	年利率	4.81	%	「=((B4/B2)^(1/B3)-1)*100」と入力する			
6							
7	元金	1,000,000	円				
8	経過期間	3	年				
9	元利合計額	1,194,050	円				
10	年利率	6.09	%	「=((B9/B7)^(1/B8)-1)*100」と入力する			
11							
12	元金	1,000,000	円				
13	経過期間	5	年				
14	元利合計額	1,343,910	円				
15	年利率	6.09	%	「=((B14/B12)^(1/B13)-1)*100」と入力する			
16							
17	元金	1,000,000	円				
18	経過期間	7	年				
19	元利合計額	1,512,580	円				
20	年利率	6.09	%	「=((B19/B17)^(1/B18)-1)*100」と入力する			
21							
22	元金	1,000,000	円				
23	経過期間	10	年				
24	元利合計額	1,806,110	円				
25	年利率	6.09	%	「=((B24/B22)^(1/B23)-1)*100」と入力する			
26							
27							
28							

第2章　利率と利回りの基本的な計算

表向きの利率から真の利率を計算する

銀行の定期預金のパンフレットに書かれている利率が表向きの利率（名目利率）で真の利率と混同しないように注意を促しましたが、表向きの利率を真の利率に簡単に直すことができる計算式があります。それは次の通りです。

> 真の利率 ＝
> （表向きの利率÷1年間の支払回数＋1）^{1年間の支払回数} － 1
>
> 表向きの利率 ＝
> （（1 ＋ 真の利率）×（1÷1年間の支払回数）－ 1）×
> 　　　　　　　　　　　　　　　　　　1年間の支払回数

たとえば、6カ月定期で表向きの利率が年6%であるとき、真の利率は何%になるか計算してみましょう。

> 真の利率 ＝
> （表向きの利率÷1年間の支払回数＋1）^{1年間の支払回数} － 1
> 　＝（0.06÷2＋1)^2 － 1
> 　＝1.03^2 － 1
> 　＝0.0609
> 　＝6.09%

計算の結果、真の利率は年6.09%ということになります。

このケースでは預金する側が有利になるのに、銀行は利率の低いほうをパンフレットに載せています。反対に預金者に不利な金利になっていることもあるので、きちんと金利計算をしてみる必要があるといえます。年利、月利、日利などの計算も正しい計算の仕方があるわけですから、銀行のいう金利をもう一度チェックしてみる必要があるといえます。

SECTION 10 ● 表向きの利率から真の利率を計算する

●Excelでの計算（「第2章」→「sec10.xlsx」）

Excelでは次のようになります。

	A	B	C	D	E	F
1						
2	表向きの利率	6	%			
3	1年間の支払回数	2	回			
4	真の利率	6.09	%			
5						
6						
7						

「=(((B2*0.01/2+1)^B3)-1)*100」
と入力する

第2章 利率と利回りの基本的な計算

59

半年利率と月利率の実際を計算する

本書では、便宜上、年4%の利率は半年で2%の利率に相当するということにしています。しかし、本当の利率は2%ではありません。

では、複利計算を実際にやってみましょう。半年で2%の利殖を1年間行うと仮定すると、次のような計算になります。

```
1.02 × 1.02 = 1.0404
```

つまり、半年の利率が2%であれば、年利は4.04%ということになります。

実際、年利率を半年利率にするには次のような計算式になります。

```
半年利率 = (1 + 利率)^(1÷2) − 1
```

年利率8%のとき半年利率は何%になるか計算してみましょう。

```
半年利率 = (1 + 利率)^(1÷2) − 1
       = (1 + 0.08)^(1÷2) − 1
       = 1.08^0.5 − 1
       = 1.039230484541326 − 1
       = 0.039230484541326
       ≒ 3.92%
```

計算の結果、半年利率は4%ではなく、3.92%ということです。

同じように、年利率を月利率に直す計算も考えてみましょう。年利率を月利率にするための計算式は、次のようになります。

```
月利率 = (1 + 利率)^(1÷12) − 1
```

SECTION 11 ● 半年利率と月利率の実際を計算する

年利率8%を月利率にしてみましょう。8 ÷ 12 ≒ 0.67%ではありません。

$$
\begin{aligned}
月利率 &= (1 + 利率)^{(1÷12)} - 1 \\
&= (1 + 0.08)^{(1÷12)} - 1 \\
&= 1.006434030110003 - 1 \\
&= 0.006434030110003 \\
&≒ 0.64\%
\end{aligned}
$$

計算の結果、月利率0.64%になりました。

●Excelでの計算(「第2章」→「sec11.xlsx」)

Excelでは次のようになります。

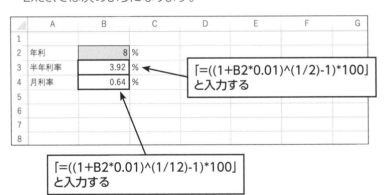

SECTION 12 利息の前払いと後払いの違い

　通常、利息は借りたお金を一定期間利用した後に支払う「後払い」が一般的です。しかし、実際には貸し手が先に利息を受け取る「前払い」のケースも多く見られます。

　表面上の利率が同じでも、前払いは貸し手がより早く利息を回収できるため、実質的な収益性が高くなります。

　たとえば、年利率が10％で100万円を1年間、借り入れた場合、前払いの場合は先に利息分の10万円を差し引いた90万円が支払われ、1年間で100万円を返済する形になります。この場合の実質的な年率は次の式で計算できます。

実質的な年率 ＝（借入額 − 実際の受取金額）÷ 実際の受取金額
　　　　　 ＝（1,000,000 − 900,000）÷ 900,000
　　　　　 ＝ 100,000 ÷ 900,000
　　　　　 ＝ 0.1111111111111111
　　　　　 ≒ 11.11％

　前払いの場合、借り手は実際には90万円しか受け取れていません。しかし、1年後には100万円を返済しなければなりません。つまり、借り手は90万円で10万円の利息を支払っていることになります。そのため、実質年利は10％より高い11.11％となるため、実質的な負担が大きくなります。

複利終価率を計算する

　複利法で算出された期末の元利合計のことを複利終価といいます。複利終価を算出する率を複利終価率といいます。計算式は次の通りです。

```
元利合計 = 元金 × (1 + 利率)^期間

複利終価率 = 元利合計 ÷ 元金
```

　50万円あるとして基準年利率は5%だった場合、3年後の元利合計と複利終価率を計算してみましょう。

```
元利合計 = 元金 × (1 + 利率)^期間
        = 500,000 × (1 + 0.05)^3
        = 500,000 × 1.157625
        = 578,812.5
        ≒ 578,813円

複利終価率 = 元利合計 ÷ 元金
          = 578,813 ÷ 500,00
          = 1.157626
          ≒ 1.158
```

　計算の結果、元利合計は578,813円、複利終価率は1.158であることがわかります。
　なお、「(1 + 利率)^期間」の部分をあらかじめ計算して、表にしたものを複利終価表といいます。

SECTION 13 ● 複利終価率を計算する

●Excelでの計算（「第2章」→「sec13.xlsx」）

Excelでは次のようになります。

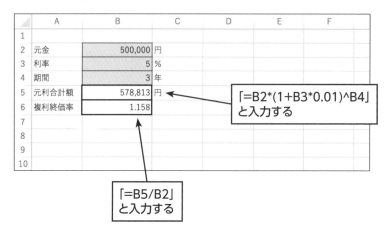

複利現価率を計算する

10年先に元利合計を100万円にしたいときに、今いくら預ければいいのでしょうか。この今いくらかが「複利現価」です。複利現価を算出する率を複利現価率といいます。複利現価を計算するには複利原価率の一覧表を使うと便利です。

複利現価と複利原価率を求める計算式は次のようになります。

```
複利現価 = 元利合計 × (1 + 利率)^(-期間)

複利現価率 = (1 + 利率)^(-期間)
```

たとえば、年利7%として10年先に元利合計が100万円となる複利現価と複利現価率を計算してみましょう。

```
複利現価 = 元利合計 × (1 + 利率)^(-期間)
 = 1,000,000 × (1 + 0.07)^(-10)
 = 1,000,000 × 0.508349292134718
 = 508,349.292134718
 ≒ 508,349円

複利現価率 = (1 + 利率)^(-期間)
 = (1 + 0.07)^(-10)
 = 0.508349292134718
 ≒ 0.508349
```

計算の結果、複利現価は508,349円、複利現価率は0.508349であることがわかります。

SECTION 14 ● 複利現価率を計算する

●Excelでの計算(「第2章」→「sec14.xlsx」)

Excelでは次のようになります。

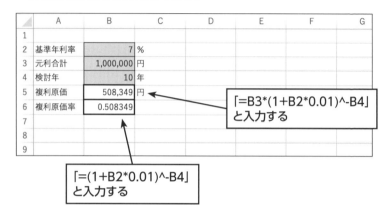

SECTION 15 日利率と日歩を比較する

年利率を単利計算で日利率に直したものを日歩といいます。あくまでも単利計算の日利なので、複利計算の日利率ではないことには注意が必要です。

日歩1銭というのは、100円に対して1銭のことを表すことになっている、年利率から日歩を計算するには、次のような計算式になります。

```
日歩（銭）＝ 年利率 ÷ 365 × 10,000
```

年利率8%のとき、日歩は何銭になるか計算してみましょう。

```
日歩（銭）＝ 年利率 ÷ 365 × 10,000
       ＝ 0.08 ÷ 365 × 10,000
       ＝ 2.1917808219917808
       ≒ 2銭1厘9毛
```

日歩から年利率を計算するには、次のような計算式になります。

```
年利率 ＝ 365 ÷ 10,000 × 日歩（銭）
```

日歩2銭を年利率にすると何%になるか計算してみましょう。

```
年利率 ＝ 365 ÷ 10,000 × 日歩（銭）
     ＝ 365 ÷ 10,000 × 2
     ＝ 0.073
     ＝ 7.3%
```

SECTION 15 ● 日利率と日歩を比較する

それでは、複利における日利率とこの日歩とを比較してみましょう。年利率から日利率に直すための計算式は次のようになります。

$$日利率 = (1 + 年利率)^{(1 \div 365)} - 1$$

年利率8%から日利率を計算してみましょう。

$$\begin{aligned}
日利率 &= (1 + 年利率)^{(1 \div 365)} - 1 \\
&= (1 + 0.08)^{(1 \div 365)} - 1 \\
&= 1.000210874398377 - 1 \\
&= 0.000210874398377 \\
&\fallingdotseq 0.02108\%
\end{aligned}$$

計算の結果、日利率は0.02108%で日歩2.1917808と微妙に違います。

●Excelでの計算(「第2章」→「sec.xlsx」)

Excelでは次のようになります。

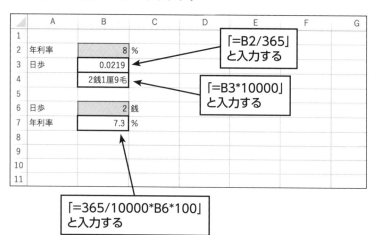

日歩を年利率に換算する

　日歩は、通常、短期の金融取引や遅延利息で用いられる利率の表現で、1日あたりの利率を示します。この日歩を使って計算された利息を年利に換算するためには、日次の複利効果を考慮する必要があります。

　商取引において支払いが遅れると、契約書に基づいて遅延利息が発生します。この遅延利息が日歩0.05%としましょう。つまり、1日につき0.05%の利息が発生します。100万円を日歩0.05%で借りた場合、どのように金利が増加するかを見てみます。

　1日後の元本は次のように計算できます。

```
1日後の元本 = 1,000,000 ×（1 + 0.0005）
           = 1,000,500円
```

　2日目にはこの増加分をさらに元本に加えて再計算します。

```
2日後の元本 = 1,000,500 ×（1 + 0.0005）
           = 1,001,000.25円
```

　365日間この計算を繰り返すと、どうなるでしょうか。年利率部分を計算してみます。

```
年利率 =（1 + 日歩）^365 − 1
      =（1 + 0.0005）^365 − 1
      = 0.20016
      = 20.016%
```

SECTION 16 ● 日歩を年利率に換算する

　日歩0.05%の利息を年利に換算すると、実際の支払い利率は
なんと約20.02%に達します。日歩が一見小さく見える利率で
あっても、複利効果を考慮することで、年間ベースでは非常に高
い利率になるのです。

　このように日歩複利は、年利換算すると非常に高額な利息とな
り、債務者にとって大きな負担となる可能性があります。そのた
め、契約締結時に年利換算した金額を確認し、契約内容を理解す
ることが重要です。

　なお、下記に年利と日歩の換算表を掲載しておきます。

◎日歩年利換算表

日歩	年利（日歩複利）
0.0001	3.717%
0.0002	7.572%
0.0003	11.570%
0.0004	15.716%
0.0005	20.016%
0.0006	24.475%
0.0007	29.099%
0.0008	33.895%
0.0009	38.868%
0.0010	44.025%

SECTION 16 ● 日歩を年利率に換算する

◎年利日歩換算表

年利	月利		日歩	
	単利	複利	単利	複利
3.00%	0.25000%	0.24663%	0.00822%	0.00810%
3.50%	0.29167%	0.28709%	0.00959%	0.00943%
4.00%	0.33333%	0.32737%	0.01096%	0.01075%
4.50%	0.37500%	0.36748%	0.01233%	0.01206%
5.00%	0.41667%	0.40741%	0.01370%	0.01337%
5.50%	0.45833%	0.44717%	0.01507%	0.01467%
6.00%	0.50000%	0.48676%	0.01644%	0.01597%
6.50%	0.54167%	0.52617%	0.01781%	0.01725%
7.00%	0.58333%	0.56541%	0.01918%	0.01854%
7.50%	0.62500%	0.60449%	0.02055%	0.01982%
8.00%	0.66667%	0.64340%	0.02192%	0.02109%
8.50%	0.70833%	0.68215%	0.02329%	0.02235%
9.00%	0.75000%	0.72073%	0.02466%	0.02361%
9.50%	0.79167%	0.75915%	0.02603%	0.02487%
10.00%	0.83333%	0.79741%	0.02740%	0.02612%
15.00%	1.25000%	1.17149%	0.04110%	0.03830%
18.00%	1.50000%	1.38884%	0.04932%	0.04536%
20.00%	1.66667%	1.53095%	0.05479%	0.04996%

第2章 利率と利回りの基本的な計算

SECTION 16 ● 日歩を年利率に換算する

●Excelでの計算(「第2章」→「sec16.xlsx」)

Excelでは次のようになります。

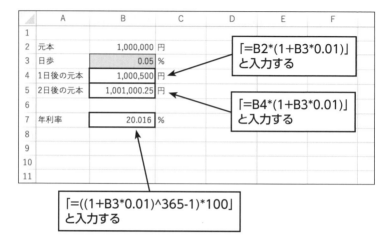

第3章
預貯金に関する金利・利回り計算

20年後に500万円にするには、今いくら預金すればいいのか計算する

今いくら預金すれば、20年後に500万円になるかを計算してみましょう。年3%の複利とします。むろん、銀行預金の利息は貸出利息に連動していて、景気がよくなるに従って高くなりますし、反対に景気が冷えてくると、設備投資などを促し、景気を刺激するために金利が低くなってきます。しかし、ここでは景気を考慮せずに、年3%の複利が維持されるということにします。

複利の場合は、目標金額は次の式で求めることができます。

目標金額 = 必要金額 × (1 + 年利)^{預入れ期間}

この式から必要金額は次の式で計算できます。

必要金額 = 目標金額 ÷ (1 + 年利)^{預入れ期間}

この式に上記の条件を当てはめると次のようになります。

目標金額 = 必要金額 × (1 + 年利)^{預入れ期間}
= 5,000,000 ÷ (1 + 0.03)^{20}
= 2,768,378.770931673687511
≒ 2,768,379円

上記の計算結果から年利3%で複利の場合、2,768,379円を預金すると20年後に500万円になることがわかります。

なお、「(1 + 0.03)^{20}」をどこで丸めるかで少し誤差が出るので注意してください。

SECTION 17 ● 20年後に500万円にするには、今いくら預金すればいいのか計算する

●Excelでの計算(「第3章」→「sec17.xlsx」)

Excelでは次のようになります。

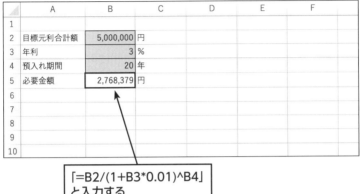

「=B2/(1+B3*0.01)^B4」と入力する

SECTION 18 単利、年複利、半年複利で預金の元利合計を比較する

　年利が同率ということになれば、単利よりも複利が有利ですし、複利では周期の短いほうが有利です。1年や2年ではそれほど大きな差になりませんが、元金が大きかったり、預金の期間が長くなってくると、驚くほど大きな違いになってくるものです。たとえば、元金10万円を年利5%で預けて、100年間じっと我慢していたら元利合計がいくらになるでしょうか。単利、年複利、半年複利でそれぞれどのくらいの差になるかを計算してみましょう。

　単利の場合は、次の式で計算することができます。

```
元利合計 = 元金 + (元金 × 年利率 × 年数)
       = 100000 + (100000 × 0.05 × 100)
       = 600,000円
```

年複利の場合は、次の式で計算することができます。

```
元利合計 = 元金 × (1 + 年利率)^年数
       = 100000 × (1 + 0.05)^100
       = 1,3150,126円
```

半年複利の場合は、次の式で計算することができます。

```
元利合計 = 元金 × (1 + 年利率 ÷ 2)^(年数 × 2)
       = 100000 × (1 + 0.05 ÷ 2)^(100 × 2)
       = 1,3956,389円
```

　この結果から元利合計は複利の場合、単利の2倍以上になることがわかります。また、年複利よりも半年複利のほうが有利になることもわかります。

SECTION 18 ● 単利、年複利、半年複利で預金の元利合計を比較する

●Excelでの計算(「第3章」→「sec18.xlsx」)

Excelでは次のようになります。

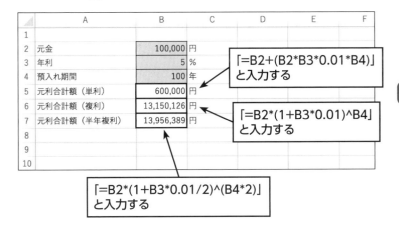

SECTION 19 毎年50万ずつ預金すると20年後にはいくらになるか計算する

　今年から、毎年50万円ずつ預金をすると、年複利6%で20年後にはいったいいくらになるのか計算してみましょう。

　まず、その月の中でいつ貯金するかを決めます。期首払いは会計期間の開始日である期首に支払うのに対し、期末払いは会計期間の終了日である期末に支払うため、期首と期末では元利合計が違ってくるからです。一般的に、資金繰りを重視するなら期末払いがおすすめです。元利合計を抑えたい、早期に利回り効果を得たいなら期首払いがよいでしょう。ここでは期末払いとして考えます。

　計算式は次のようになります。

元利合計額 ＝
　元金（毎年）×（（（1 ＋ 年利）^{預入期間} － 1）÷ 年利）

これに上記の条件を当てはめると次のように計算できます。

元利合計額
　＝ 500,000円 ×（（（1 ＋ 0.06）^{20} － 1）÷ 0.06）
　＝ 500,000円 ×（（1.06^{20} － 1）÷ 0.06）
　＝ 500,000円 ×（2.207135472212845 ÷ 0.06）
　＝ 500,000円 × 36.7855912035547417
　＝ 18392795.6017773708333333
　≒ 18,392,796円

　上記の計算で「1.06^{20}」をどこで丸めるかによって少し誤差が出ます。

SECTION 19 ● 毎年50万ずつ預金すると20年後にはいくらになるか計算する

なお、期首払いの場合は、次の式で計算することができます。

元利合計額
$= 元金（毎年）× (((1 + 年利)^{預入期間} - 1) ÷ 年利) × (1 + 年利)$
$= 500,000 × (((1 + 0.06)^{20} - 1) ÷ 0.06) × (1 + 0.06)$
$= 500,000円 × (2.2071354722212845 ÷ 0.06) × 1.06$
$= 500,000円 × 38.992726675760262$
$= 19,496,363.337880130833333$
$≒ 19,496,363円$

●Excelでの計算（「第3章」→「sec19.xlsx」）

Excelでは次のようになります。

▲	A	B	C	D	E	F
1						
2	元金（毎年）	500,000	円			
3	年利	6	%			
4	預入れ期間	20	年			
5	元利合計額（期末払い）	18,392,796	円			
6	元利合計額（期首払い）	19,496,363	円			
7						
8						
9						
10						

「=B2*(((1+B3*0.01)^20-1)/(B3*0.01))」
と入力する

「=B2*(((1+B3*0.01)^20-1)/(B3*0.01))*(1+B3*0.01)」
と入力する

25歳から50歳までに2000万円を貯めるための毎年の預金額を計算する

今、25歳として50歳までに2,000万円を貯めたい場合、年複利6%なら毎年いくら預金しなければならないかを計算してみましょう。前節と同じように期末払い方式として考えます。

次の式で計算することができます。

```
年預金額 = 目標金額 ÷ ((1 + 年利)^預入期間 − 1) ÷ 年利
```

期末払い方式なので預入期間を24年で計算すると、年預金額は次のように計算できます。

```
年預金額 = 目標金額 ÷ ((1 + 年利)^預入期間 − 1) ÷ 年利
       = 20,000,000 ÷ ((1 + 0.06)^24 − 1) ÷ 0.06
       = 20,000,000 ÷ (3.048934641267437 ÷ 0.06)
       = 20,000,000 ÷ 50.815577354457278
       = 393,580.0996708680 33156
       ≒ 393,580円
```

計算の結果は、39万3,580円となります。つまり、毎年ほぼ40万円を貯めていけば50歳になったときには、2000万円の預金ができていることになります。ということは、月々3万2,800円の倹約をすればいいということになるわけです。ただし、月々3万円ずつ月掛預金すればもっと早く2,000万円に到達します。

SECTION 20 ● 25歳から50歳までに2000万円を貯めるための毎年の預金額を計算する

●Excelでの計算(「第3章」→「sec20.xlsx」)

Excelでは次のようになります。

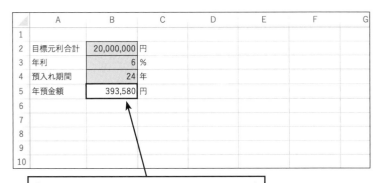

	A	B	C
2	目標元利合計	20,000,000	円
3	年利	6	%
4	預入れ期間	24	年
5	年預金額	393,580	円

「=B2/(((1+B3*0.01)^B4-1)/(B3*0.01))」と入力する

月掛預金を計算する

月掛預金とは、毎月同じ額の積み立てる預金のことです。

たとえば、毎月1万円、年利6％で3年間積み立てた場合の元利合計を計算してみましょう。

毎月1万円を年利6％で3年間積み立てる場合の元利合計を求めるためには、複利計算を行います。ただし、このケースでは毎月の積立なので、年次ではなく月次の利息を考慮に入れる必要があります。年利6％を月ベースの利率に変換すると、年利を12で割り、月利0.5％となります。積立回数は年数に12を掛けて月単位にする必要があります。

元利合計は次の式で計算することができます。

```
月利 = 年利 ÷ 12

元利合計 =
  月掛預金 ×((1 + 月利)^積立回数 - 1)÷ 月利 ×(1 + 月利)
```

この式に条件を当てはめると次のようになります。

```
元利合計 =
  月掛預金 ×((1 + 月利)^積立回数 - 1)÷ 月利 ×(1 + 月利)
= 10,000 ×((1 +(0.06 ÷ 12))^(12×3) - 1)÷
                    (0.06 ÷ 12)×(1 +(0.06 ÷ 12))
= 10,000 ×((1 + 0.005)^36 - 1)÷ 0.005 ×
                                  (1 + 0.005)
= 10,000 ×(1.005^36 - 1)÷ 0.005 × 1.005
= 10,000 × 0.196680524823419 ÷ 0.005 × 1.005
= 395327.85489507219
≒ 395,328円
```

SECTION 21 ● 月掛預金を計算する

　計算の結果、毎月1万円、年利6％で3年間積み立てた場合、元利合計は395,328円になることがわかりました。

●Excelでの計算（「第3章」→「sec21.xlsx」）

Excelでは次のようになります。

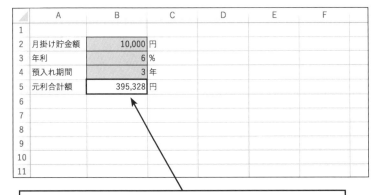

「=B2*(((1+(B3*0.01)/12)^(B4*12)-1)/((B3*0.01)/12))*(1+(B3*0.01)/12)」と入力する

SECTION 22 普通預金の利息を計算する

　定期預金と違って、普通預金には満期日というのがありません。預金したり、引出したりして残高がいつでも変動しています。それも1日単位で預入金額が変わるということになるので、どうやって利息をつければいいのかが、難しいことになります。

　しかも通常、普通預金は年に2回、2月と8月に利息がつくので、1日の平均残高は最終的に利息をつける日まで確定しないということになります。そうなると、利息をつける日の作業がそれこそ大変です。

　そこで、日積数によって利息を計算しようということになります。日積数というのは、たとえば5日間の当日残高を合計したものと考えてください。すると、この5日間の預入実績、つまり日積数を1日間預け入れたことと同じことになるわけです。そのため、利息は次の式で計算することができます。

> 利息 ＝ 日積数 × 1 ÷ 365 × 年利

　それでは次の5日間の利息合計を計算してみましょう。普通預金の金利を、年0.4%とします。

1日目残高　　38,000円
2日目残高　　41,120円
3日目残高　　104,200円
4日目残高　　72,340円
5日目残高　　110,180円

　残高を合計すると365,840円となります。

SECTION 22 ● 普通預金の利息を計算する

　1日目の利息から5日目までの利息を計算して合計するのもいいのですが、日積数365,840円を1日間預けたことと同じわけですから、次のように計算すれば5日間預けた普通預金の利息が算出されます。

$$
\begin{aligned}
利息 &= 日積数 \times 1 \div 365 \times 年利 \\
&= 365,840円 \times 1 \div 365 \times 0.004 \\
&= 4.0092054794452055 \\
&\fallingdotseq 4円
\end{aligned}
$$

計算結果は利息4円となります。

●Excelでの計算（「第3章」→「sec22.xlsx」）

Excelでは次のようになります。

	A	B	C	D	E	F	G
1							
2	1日目残高	38,000	円				
3	2日目残高	41,120	円				
4	3日目残高	104,200	円				
5	4日目残高	72,340	円				
6	5日目残高	110,180	円				
7	日積数	365,840	円				
8							
9	年利	0.4	%				
10	利息	4	円				
11							
12							
13							

「=SUM(B2:B6)」と入力する

「=B7*1/365*(B9*0.01)」と入力する

第3章　預貯金に関する金利・利回り計算

SECTION 23 定期預金の利息を計算する

　定期預金というのは、毎月金額を決めて積み立てる金融商品です。ところで、この商品での利息は複利ではなく、単純な単利計算ということになります。金利は、定期預金にはじめた時点のものがそのまま適用されます。利息の計算をしてみましょう。

　毎月2万円ずつ積み立てていって、1年後に利息はいくらになるのでしょうか。金利は3.6％にします。利息は次の式で計算できます。

利息 = 元金 × 月利 × 利息がつく月数

　最初に預けた2万円は1年間（12カ月）預けることになるので利息は次のようになります。

利息 = 20,000 × (0.036 ÷ 12) × 12
　　　= 720円

　その次の月に預けたものは、11カ月預けたことになるので次のようになります。

利息 = 20,000 × (0.036 ÷ 12) × 11
　　　= 660円

　こうやって次々と計算していき、満期の1カ月前に預け入れる2万円までの利息を計算して合計すればいいわけです。

　利息のつく月数は、次の式で計算できます。

SECTION 23 ● 定期預金の利息を計算する

$$
\begin{aligned}
利息のつく月数 &= 12 + 11 + 10 + 9 + 8 + 7 + 6 + \\
&\qquad\qquad\qquad 5 + 4 + 3 + 2 + 1 \\
&= (12 + 1) \times 12 \div 2 \\
&= 78
\end{aligned}
$$

なお、1～nまでの合計(和)は「$(1 + n) \times n \div 2$」で求めることができます。

利息のつく月数がわかったので、金利3.6%で毎月2万円ずつ積み立てた場合の1年後の利息は次のようになります。

$$
\begin{aligned}
利息 &= 元金 \times 月利 \times 利息がつく月数 \\
&= 20{,}000 \times (0.036 \div 12) \times 78 \\
&= 20{,}000 \times 0.003 \times 78 \\
&= 4{,}680円
\end{aligned}
$$

1年後の利息は4,680円になることがわかりました。

このように、利息のつく月数の合計(月積数)を計算して月利と元金を掛けることによって、1年間の利息合計を計算しています。これは日積数による利息計算と同じ考え方です。

●Excelでの計算(「第3章」→「sec23.xlsx」)

Excelでは次のようになります。

▲	A	B	C	D	E	F	G
1							
2	積立金額	20,000	円				
3	年利	3.6	%				
4	積立期間	1	年				
5	利息	4,680	円				
6							
7							
8							
9							
10							
11							

「=B2*(B3*0.01/12)*B4*12*(B4*12+1)/2」
と入力する

第3章 預貯金に関する金利・利回り計算

SECTION 24 定期預金の先掛割引料と延滞利息を計算する

　定期積金の利息(正式には給付補填金)は、毎月の積金がきちんと決められた日に払い込まれることを前提にして計算されています。第1回の積金が5日に払い込まれたとすると、その後はすべて5日に払い込まれ、満期日も5日になります。

　しかし、実際には毎月同じ日に払い込まれないということが起こってきます。期日より前に払い込んだり、期日を過ぎてから払い込んだりという形です。記述より前に払い込むことが先掛けで、期日を過ぎてから払い込むのが延滞ということになりますが、先に先にと払い込んだ人も、遅れて払い込んだ人も満期日に同じ額の利息を受け取るのは不公平ではないかと考えられます。

　そこで、期日より先に払い込まれた積金があったときは、その期間に見合った利息を「先掛割引料」という名目でつけ、反対に延滞した分はその日数に相当する利息を差し引くことにしましたが、毎月の払込額に端数が出るなど、計算に手数がかかることもあって、満期日にまとめて精算することが多くなりました。

　具体的な例で計算してみましょう。たとえば、毎月2万円、1年満期、定期預金利率6%、先掛利率3%、延滞利息4.5%の定期預金において、先掛合計日数48日、延滞合計日数41日の場合、いくらの利息が受け取れるでしょうか。

　先掛割引料、延滞利息、定期預金利息はそれぞれ次の式で計算できます。

SECTION 24 ● 定期預金の先掛割引料と延滞利息を計算する

先掛割引料 = 毎月積立金額 × 先掛合計日数 × 先掛利率 ÷ 365

延滞利息 = 毎月積立金額 × 延滞合計日数 × 延滞利息 ÷ 365

定期預金利息 =
　毎月積立金額 × 12 × (12 + 1) ÷ 2 × (定期預金利率 ÷ 12)

　上記の式に条件を当てはめて計算してみましょう。
　先掛割引料は次のようになります。

先掛割引料 = 20,000 × 48 × 0.03 ÷ 365
　　　　　 = 78.9041095890041096

　延滞利息は次のようになります。

延滞利息 = 20000 × 41 × 0.045 ÷ 365
　　　　　= 101.095890410958904

　定期預金利息は次のようになります。

定期預金利息 = 20,000 × 12 × (12 + 1) ÷ 2 × (0.06 ÷ 12)
　　　　　　 = 7800円

　これにより合計利息は次のようになります。

合計利息 = 定期預金利息 + 先掛割引料 － 延滞利息
　　　　 = 7800 + 78.9041095890041096 －
　　　　　　　　　　　　　 101.095890410958904
　　　　 = 7777.80821917808219
　　　　 ≒ 7778円

第3章　預貯金に関する金利・利回り計算

SECTION 24 ● 定期預金の先掛割引料と延滞利息を計算する

●Excelでの計算(「第3章」→「sec24.xlsx」)

Excelでは次のようになります。

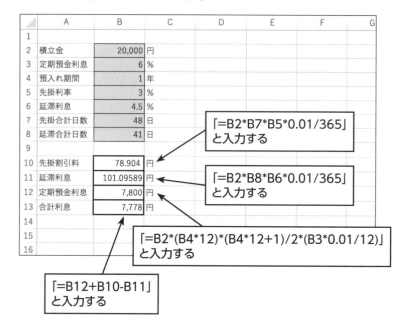

SECTION 25 定期預金の損益分岐点を計算する

定期預金は、満期日にならなければ払戻しを受けることはできませんが、その前にどうしても現金にしなければならなくなったときには、解約するか、それともその定期預金を担保にして借り入れをするのかの、どちらかになります。

そのどちらを選ぶにしろ、手取金額が多いほうを選びたいものです。その損益の分かれ目を計算してみましょう。

100万円を1年定期に預けるとします。年利6%ですが中途解約の利率は、6カ月未満では2%、6カ月以上1年未満では4%ということとします。借入利率は7%です。借り入れた場合、満期の際に返済することとします。

解約の利率が2段階になっているので、いったんは解約のほうが有利であっても、その後、解約しないほうが手取金額が多くなるかもしれません。

定期預金を解約すると、中途解約利率が適用され、利息は次の式で求められます。

```
利息 = 元本 × 中途解約利率 ÷ 365 × 預入日数
```

まずは6カ月未満で解約した場合を考えます。その場合、中途解約利率は2%となるので、上記の式から手取金額(元本 + 利息)は、次のように計算できます。

```
手取金額 =
 1,000,000 + (1,000,000 × 0.02 ÷ 365 × 預入日数)
```

SECTION 25 ● 定期預金の損益分岐点を計算する

次に、定期預金を担保に借り入れた場合を考えてみます。その場合、預金の満期時に元利合計を受け取りますが、借入金には利息がかかるため、満期時の最終手取金額は次のようになります。

> 満期時の最終手取金額 =
>   定期預金の満期時の受取額 − 借入利息

預金を満期まで運用した場合の受取額は、6%の年利が適用されるので、次のように計算できます。

> 定期預金の満期時の受取額
>   = 1,000,000 + (1,000,000 × 0.06 ÷ 365 × 365)
>   = 1,060,000円

借入利息は7%の年利で、1年定期の途中から借り入れるとすると、借入期間は「365 − それまでの預入日数」となるので次の式で計算できます。

> 借入利息 = 1,000,000 × 0.07 ÷ 365 × (365 − 預入日数)

借入した場合の手取金額(満期時の最終手取金額)は次のように計算できます。

> 満期時の最終手取金額
>   = 定期預金の満期時の受取額 − 借入利息
>   = 1,060,000 −
>   (1,000,000 × 0.07 ÷ 365 × (365 − 預入日数))

SECTION 25 ● 定期預金の損益分岐点を計算する

　それでは損益分岐点を計算してみましょう。

　解約した場合と借入した場合の手取金額が等しくなる預入日数を求めます。

$1,000,000 +（1,000,000 × 0.02 ÷ 365 × 預入日数）=$
$1,060,000 -$
　　　　$（1,000,000 × 0.07 ÷ 365 ×（365 - 預入日数））$

$1,000,000 +（20,000 ÷ 365 × 預入日数）=$
$990,000 +（70,000 ÷ 365 × 預入日数）$

$20,000 ÷ 365 × 預入日数 - 70,000 ÷ 365 × 預入日数 =$
$990,000 - 1,000,000$

$-50,000 ÷ 365 × 預入日数 = -10,000$

$預入日数 = 10,000 ÷ 50,000 × 365$

$預入日数 = 73日$

　したがって、73日目が損益分岐点になります。この日までに解約するほうが有利であるという判断ができます。

　6か月以上1年未満で解約した場合、中途解約利率は4%になります。先ほどと同じように、解約と借入の手取金額が等しくなる損益分岐点の預入日数を求めます。

第3章　預貯金に関する金利・利回り計算

SECTION 25 ● 定期預金の損益分岐点を計算する

$$1,000,000 + (1,000,000 \times 0.04 \div 365 \times 預入日数) =$$
$$1,060,000 -$$
$$(1,000,000 \times 0.07 \div 365 \times (365 - 預入日数))$$

$$1,000,000 + (40,000 \div 365 \times 預入日数) =$$
$$990,000 + (70,000 \div 365 \times 預入日数)$$

$$40,000 \div 365 \times 預入日数 - 70,000 \div 365 \times 預入日数 =$$
$$990,000 - 1,000,000$$

$$-30,000 \div 365 \times 預入日数 = -10,000$$

$$預入日数 = 10,000 \div 30,000 \times 365$$

$$預入日数 = 121.67日$$

　約122日目までに解約するほうが有利ですが、6カ月以降でこの日数はないため、預金を担保にして借入した方が手取り金額が多くなります。

SECTION 26 定額貯金に預けて中途解約したときの手取金額を計算する

郵便貯金には、通常貯金つまり普通貯金のほかに、定期貯金と定額貯金があります。

このうち定額貯金は、半年複利で、預けた期間の長さによって適用利率が変わり、解約時に税金がまとめて引かれる満期時一括課税の金融商品で、解約手数料は不要です。適用利率は、6カ月以上、1年以上、1年6カ月以上、2年以上、3年以上に応じて変化していきます。

では、定額貯金に100万円を預け、5年たって解約したときの手取金額を計算してみましょう。利率は、3年以上預けた場合で6%とします。手取金額は次の式で計算できます。

> 手取金額（税引き前）＝ 元金 × (1 ＋ 期間利率)^{利息計算回数}

半年複利なので、期間利率は6% ÷ 2 ＝ 3%となります。利息計算回数は5年 × 2 ＝ 10となるので、次のように計算できます。

```
手取金額（税引き前）
 ＝ 元金 × (1 ＋ 期間利率)^利息計算回数
 ＝ 1,000,000 × (1 ＋ 0.03)^10
 ＝ 1,000,000 × 1.03^10
 ＝ 1,000,000 × 1.343916379344122
 ＝ 1,343,916.37934412192049
 ≒ 1,343,916円
```

SECTION 26 ● 定額貯金に預けて中途解約したときの手取金額を計算する

定額貯金では利息に対して20%の税金がかかります。税金は次のように計算できます。

```
税金 =（手取金額（税引き前）− 元金）× 20%
    =（1,343,916 − 1,000,000）× 0.2
    = 343,916 × 0.2
    = 68,783.2
    ≒ 68,783円
```

税引き後の手取金額は次のように計算できます。

```
手取金額（税引き後）= 手取金額（税引き前）− 税金
                = 1,343,916 − 68,783
                = 1,275,133円
```

● Excelでの計算（「第3章」→「sec26.xlsx」）

Excelでは次のようになります。

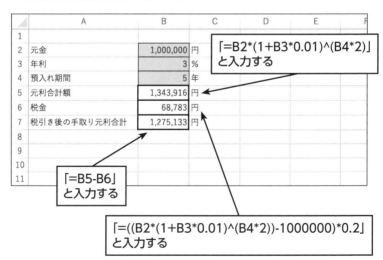

SECTION 27 貯金したままがいいのか、預け直すべきなのかを比較する

今、200万円を年利5%の固定金利、半年複利で、5年満期の貯金をしたところ公定歩合の引き上げによって、1年後に同じ金融商品の金利が年利7%にまで上がったとします。この場合、そのまま預けたままがいいのか、いったん解約して預け直すべきか比較してみましょう。

前提としてどのような貯金をしたとしても、4年後には必ず元利合計を全額、払い戻し（解約）てしまうことにします。また、2年未満で解約すると金利が50%に、2年以上5年未満で解約すると90%になるという条件とします。税率は、解約時における利息の20%とします。

そのまま預ける場合は、次のように計算できます。半年複利なので、期間利率は5% ÷ 2 = 2.5%、利息計算回数は5年 × 2 = 10で計算します。

手取金額（税引き前）＝ 元金 × (1 + 期間利率)^利息計算回数
= 2,000,000 × (1 + 0.025)^10
= 2,000,000 × 1.280084544196358
= 2,560,169.083892715644836
≒ 2,560,169円

税金 ＝ (手取金額（税引き前） − 元金) × 20%
= (2,560,169 − 2,000,000) × 20%
= 112,033.8
≒ 112,034円

手取金額（税引き後）＝ 手取金額（税引き前） − 税金
= 2,560,169 − 112,034
= 2,448,135円

SECTION 27 ● 貯金したままがいいのか、預け直すべきなのかを比較する

　次に、今（預け入れから1年後）、解約し、預け直す場合を考えてみます。

　まず解約したときの税引き後の元利合計がいくらになるかを計算します。2年未満となるので金利は5% × 50% = 2.5%（期間利率はさらにその半分の1.25%）、利息回数は1年預けたので1年 × 2 = 2で計算します。

手取金額（税引き前）= 元金 ×（1 + 期間利率）^{利息計算回数}
　= 2,000,000 ×（1 + 0.0125）^{2}
　= 2,000,000 × 1.02515625
　= 2050312.5
　≒ 2050313円

税金 =（手取金額（税引き前）- 元金）× 20%
　=（2,050,313 - 2,000,000 ）× 20%
　= 50,313×0.2
　= 10,062.6
　≒ 10,063円

手取金額（税引き後）= 手取金額（税引き前）- 税金
　= 2,050,313-10,063
　= 2,040,250

　ここで計算された204万250円を新たに、4年間貯金することになります。そのときの金利は年利率6.3%（7%の90%）になり、半年複利なので、期間利率は3.15%（6.3% ÷ 2）、利息計算回数は4年 × 2 = 8で計算します。

SECTION 27 ● 貯金したままがいいのか、預け直すべきなのかを比較する

手取金額（税引き前）= 元金 ×（1 + 期間利率）[利息計算回数]
 = 2,040,250 ×（1 + 0.0315）^{8}
 = 2,040,250 × 1.2816040125695l3
 = 2,614,792.586644949132679
 ≒ 2,614,793円

税金 =（手取金額（税引き前）− 元金）× 20%
 =（2,614,793 − 2,040,250）× 20%
 = 114,908.6
 ≒ 114,909円

手取金額（税引き後）= 手取金額（税引き前）− 税金
 = 2,614,793 − 114,909
 = 2,499,884円

　手取金額（税引き後）は預けたままだと244万8,135円で、預け直すと249万9,884円となり、預け直したときのほうが有利になることがわかります。

第3章 預貯金に関する金利・利回り計算

SECTION 27 ● 貯金したままがいいのか、預け直すべきなのかを比較する

●Excelでの計算(「第3章」→「sec27.xlsx」)

Excelでは次のようになります。

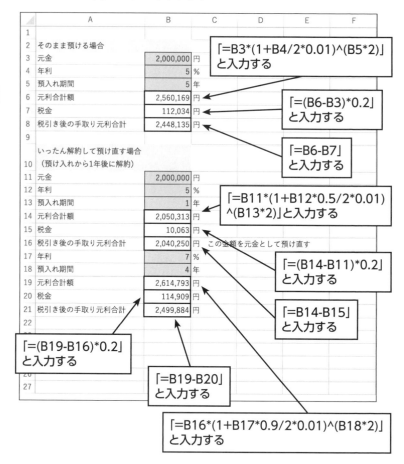

SECTION 28 定期預金の実際の計算方法

　銀行で定期預金をするとします。たとえば2年定期とし、その際に利息がどのようにつくかを計算してみます。元金が200万円で、年利が6％だとすると、利息は次のような式になります。

$$
\begin{aligned}
利息 &= 元金 \times (1 + 期間利率)^{利息計算回数} - 元金 \\
&= 2{,}000{,}000 \times (1 + 0.06)^2 - 2{,}000{,}000 \\
&= 2{,}000{,}000 \times 1.1236 - 2{,}000{,}000 \\
&= 2{,}247{,}200 - 2{,}000{,}000 \\
&= 247{,}200 円
\end{aligned}
$$

　計算の結果、24万7,200円の利息がつくものと思うわけですが、実はそうではありません。実際には、次のような計算になるのです。

　元金200万円、年利率6％、中間払利率5％、中間払利息を1年定期にしたときの利率5.75％で計算していきます。

　この場合、1年後の中間払利息は次のようになります。

$$200万円 \times 5\% = 10万円$$

　2年後の受取利息は次のように計算できます。

SECTION 28 ● 定期預金の実際の計算方法

> 2年定期預金の受取利息 ＝ 200万円 × 6% × 2年 － 10万円
> 　＝ 14万円
>
> 中間払い利息を1年定期で運用したときの受取利息 ＝
> 　　10万円 × 5.75% ＝ 5,750円
>
> 2年後に受け取る利息の合計 ＝
> 　　1年後の中間払利息 ＋ 2年定期預金の受取利息 ＋
> 　　　　　　中間払い利息を1年定期で運用したときの受取利息
> 　＝ 10万円 ＋ 14万円 ＋ 5,750円
> 　＝ 24万5,750円

　計算の結果から2年後に受け取る利息の合計は、24万5,750円となり、予測した利息よりも少ない金額になります。

　そのため、2年定期だといって単純に複利計算できないわけです。また、定期預金では中途解約すると、利回りがかなり悪くなるので、いつまで預けておけるかをきちんと見定めてから預ける必要があるといえます。

SECTION 28 ● 定期預金の実際の計算方法

●Excelでの計算(「第3章」→「sec28.xlsx」)

Excelでは次のようになります。

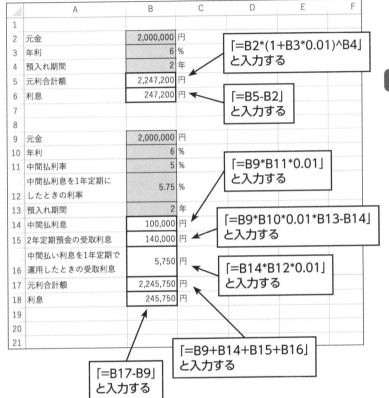

期日指定定期預金の元利合計を計算する

定期預金には、期日指定定期預金、スーパー定期、大口定期預金、変動金利定期預金など、いろいろな種類があります。このうち、期日指定定期預金を考えてみましょう。

期日指定定期預金は、1年複利で、預け入れの期間が最長3年、1年たてば必要なときにいつでも引き出せる、便利な定期預金です。

利率は市場金利の動向によって変動しますが、預入日の利率は運用期間を通じて満期日まで変わらないことになっています。預入金額は300万円未満です。1年の据置期間経過後は、1カ月前までの通知で自由に満期日が指定できます。ただし、指定された期日までは資金を引き出すことができません。また、預入期間が固定されているため、市場金利が上昇した場合でも、預入時の金利が適用されます。

それでは、元金200万円、定期預金利率6％、満期日までの日数は1年と153日のとき、満期日に受取る利息はいくらになるか計算してみましょう。複利の場合、下記の式で計算できます。

```
元利合計 = 元金 × (1 + 期間利率)^利息計算回数
```

まずは、1年後の元利合計を計算します。

```
元利合計 = 元金 × (1 + 期間利率)^利息計算回数
       = 2,000,000 × (1 + 0.06)^1
       = 2,000,000 × 1.06
       = 2,120,000円
```

SECTION 29 ● 期日指定定期預金の元利合計を計算する

それ以後153日後の元利合計は、元金を212万円、利息支払い回数を153 ÷ 365として計算します。

$$\begin{aligned}
元利合計 &= 元金 \times (1 + 期間利率)^{利息計算回数} \\
&= 2{,}120{,}000 \times (1 + 0.06)^{(153 \div 365)} \\
&= 2{,}120{,}000 \times 1.024725784169357 \\
&= 2{,}172{,}418.66243903684 \\
&\fallingdotseq 2{,}172{,}419円
\end{aligned}$$

この結果から、1年と153日後に受け取る元利合計は、217万3292円ということになります。

期日指定定期預金にしておけば、中途解約によって利回りが低くなるようなことはなくなるため、期日まではそれまでの利息がしっかりとつくことになります。また必要に応じて元金の一部を引き出すこともでき、残りはそのまま期日指定定期預金として継続することができるというメリットもあります。

▶Excelでの計算（「第3章」→「sec29.xlsx」）

Excelでは次のようになります。

	A	B	C	D	E
1					
2	元金	2,000,000	円		
3	年利	6	%		
4	預入れ期間	1	年		
5		153	日		
6	1年後の元利合計	2,120,000	円		
7	それ以後153日後の元利合計	2,172,419	円		
8					
9					
10					

「=B2*(1+B3*0.01)^B4」と入力する

「=B6*(1+B3*0.01)^(B5/365)」と入力する

SECTION 30 今後20年間、毎年200万円を受け取るにはいくら預ければいいか計算する

　厚生年金や国民年金ではなく、自分である程度まとまった資金を用意して、これを運用しながら一定期間ごとに決まった金額の払戻しを受け、生活費などに充てることを、ここでは「年金」ということにします。ということは、あくまでも最初に自分で用意した資金とそれから生じる利息などを加えた金額を限度として、年金受取額とするのです。つまり、手持ちの資金を金融機関に預けて、決まった金額を払戻しながら使っていくと、いくらずつで、何年間もつかということを計算してみようというものです。

　ここでは利息を年7%として計算してみましょう。計算式は次のようになります。

```
元本 ＝ 毎年の受取額 ×（1 －（1 ＋ 年利）^(-受取期間)）÷ 年利
    ＝ 2,000,000 ×（1 －（1 ＋ 0.07）^(-20)）÷ 0.07
    ＝ 2,000,000 ×（1 － 0.258419002813869）÷ 0.07
    ＝ 2,000,000 × 0.741580997186131 ÷ 0.07
    ＝ 21,188,028.4910323142857l4
    ≒ 21,188,028円
```

　この結果から年利7%で預ける場合、毎年200万円を受け取るには、元本は2,118万8,028円必要なことがわかります。

SECTION 30 ● 今後20年間、毎年200万円を受け取るにはいくら預ければいいか計算する

●Excelでの計算（「第3章」→「sec30.xlsx」）

Excelでは次のようになります。

	A	B	C	D	E	F
1						
2	毎年の年金受取額	2,000,000	円			
3	年金受取期間	20	年			
4	年利	7	%			
5	必要な元本	21,188,028	円			
6						
7						
8						

「=B2*(1-(1+B4*0.01)^-B3)/(B4*0.01)」
と入力する

第3章 預貯金に関する金利・利回り計算

107

今、2000万円を預けると年200万円が何年間受け取れるか計算する

一定の資金があるときに、これを銀行などに預けて何年間にわたって年金が受けられるかを計算してみましょう。計算式は次のようになります。

受取期間 =
 −log(1 −(元本 × 年利)÷ 毎年の受取額)÷ log(1 + 年利)

たとえば、手元に2,000万円の資金があり、これを年利7%で運用し、今後1年間に200万円ずつ受け取っていくと、何年間受け取り続けられるかを計算してみましょう。

受取期間
 = −log(1 −(元本 × 年利)÷ 毎年の受取額)÷
                                  log(1 + 年利)
 = −log(1 −(20,000,000 × 0.07)÷ 2,000,000)÷
                                  log(1 + 0.07)
 = −log(0.3)÷ log(1.07)
 = −(−0.522878745280338)÷ 0.02938377768521
 = 17.794810145991652

計算の結果から、17年間は毎年200万円ずつ受け取れることになります。

SECTION 31 ● 今、2000万円を預けると年200万円が何年間受け取れるか計算する

●Excelでの計算(「第3章」→「sec31.xlsx」)

Excelでは次のようになります。

	A	B	C	D	E	F
1						
2	元金	20,000,000	円			
3	年利	7	%			
4	毎年の年金受取額	2,000,000	円			
5	年金受取期間	17.795	年			
6						
7						
8						
9						

「=-LOG(1-(B2*B3*0.01)/B4)/LOG(1+B3*0.01)」
と入力する

第3章 預貯金に関する金利・利回り計算

109

今、2000万円を預けると10年間で毎年いくら受け取れるか計算する

前節と同様に、一定の資金があるときに、これを銀行などに預けた場合、10年間で年1回年金を受け取るとした場合、年金がいくら受け取れるかを計算してみましょう。計算式は次のようになります。

```
年金受取額
 = 預ける元本 × 年利 ÷ (1 - (1 + 年利)^(-年金受取期間))
```

条件は前節と同様にします。手元に2,000万円あって、これを10年間にわたって年利7%で運用した場合、年1回年金を受け取るとすると、いくらずつ受け取れるか計算してみましょう。

```
年金受取額
 = 預ける元本 × 年利 ÷ (1 - (1 + 年利)^(-年金受取期間))
 = 20,000,000 × 0.07 ÷ (1 - (1 + 0.07)^(-10))
 = 1,400,000 ÷ 0.4916507078652820
 = 2847550.0545472950854540
 ≒ 2,847,550円
```

計算の結果、毎年、284万7,550円を受け取れることになります。

SECTION 32 ● 今、2000万円を預けると10年間で毎年いくら受け取れるか計算する

●Excelでの計算（「第3章」→「sec32.xlsx」）

Excelでは次のようになります。

	A	B	C	D	E	F
1						
2	元金	20,000,000	円			
3	年利	7	%			
4	年金受取期間	10	年			
5	毎年の年金受取額	2,847,550	円			
6						
7						
8						
9						

「=B2*B3*0.01/(1-(1+B3*0.01)^-B4)」
と入力する

第4章
投資に関する金利・利回り計算

SECTION 33 株式の利回りを計算する

　株式は、株式会社の資本の一部を構成するものですが、その所有者である株主には、会社が利益を上げたときに、そのうちから利益配当が行われることになります。配当金は、額面株式・無額面株式ともに1株に対して1期いくらと金額が決められますが、年1回の決算では、決算期のほか中間配当が行われるのが一般的です。一年分の配当金を配当年額といいます。額面株式では、配当をその年額の額面金額に対する率、配当率で示すことがあります。

　株式相場は、配当のほか需給などの理由で上下するのですが、株価は将来に受け取れる配当金によって決まるものとすると、次の計算式が成り立ちます。

株価 ＝ 配当金期の評価利率

1期の評価利率 ＝ 配当金 ÷ 株価

　ここでの「1期の評価利率」が、普通配当利回りといわれ、厘の単位まで表示されます。預貯金においては、利率がそのまま利回りですが、株式・債券では利率（配当率・債券利率）と利回りとは違うことが多いので注意が必要です。

　また、株価収益率（PER）によって、特定の株式の強さを見ることができます。その計算式は次のようになります（PERは少数第2位未満を四捨五入します）。

株価収益率（PER）＝ 株価 ÷ 1株当たりの税引き後利益

SECTION 33 ● 株式の利回りを計算する

　それでは実際に計算してみましょう。配当率年10%、株価250円、1株の額面金額50円の株式の利回りはいくらになるでしょうか。配当金は「額面金額 × 配当率」で求めることができるので、計算式は次のようになります。

```
1期の評価利率 = 配当金 ÷ 株価
             = （額面金額 × 配当率）÷ 株価
             = （50 × 0.1）÷ 250
             = 5 ÷ 250
             = 0.02
             = 2%
```

　株式の利回りは2%と計算できました。

　次に株価350円、1株当たりの税引き利益20円の株価の収益率はいくらになるでしょうか。

```
株価収益率（PER）= 株価 ÷ 1株当たりの税引き後利益
               = 350 ÷ 20
               = 17.5%
```

　上記の計算からこの場合の株価収益率（PER）は17.5%となります。

　次は、配当率年10%、1株の額面金額50円の株式が利回り6%となるように購入するための金額を計算してみましょう。

第4章　投資に関する金利・利回り計算

SECTION 33 ● 株式の利回りを計算する

1期の評価利率 ＝ 配当金 ÷ 株価

$0.06 = (50 \times 0.1) \div 株価$

$(50 \times 0.1) \div 株価 = 0.06$

$5 \div 株価 = 0.06$

株価 ＝ $5 \div 0.06$

株価 ＝ $83.3333\cdots$

　上記の結果から83円以下で買えば6%以上となることがわかります。

●Excelでの計算（「第4章」→「sec33.xlsx」）

　Excelでは次のようになります。

	A	B	C	D	E
1					
2	株式の利回り				
3	株価	250	円		
4	配当率/年	10	%		
5	1株の額面金額	50	円		
6	利回り（配当率）	2.00	%		
7					
8					
9	株価収益率				
10	株価	350	円		
11	1株当りの税引後利益	20	円		
12	株価収益率	17.50	%		
13					
14					
15					

「=B5*B4*0.01/B3*100」と入力する

「=B10/B11」と入力する

条件を揃えて金融商品を比べる

　多くの金融商品の中から、自分に一番有利なものを選ぶためには多くの金融商品を同じ条件に揃えなければなりません。

　3年間で150万円が180万円になる金融商品Aと5年間で80万円が120万円になる金融商品Bがあるとして、どちらを選べば有利なのかを考えます。元金も運用年数も違います。年利率は不明です。そこで何を揃えることにするかを決めます。

　まずは1年でそれぞれの利息がいくらになるかを計算してみましょう。

```
A：（180万円 − 150万円）÷ 3年 = 10万円

B：（120万円 − 80万円）÷ 5年 = 8万円
```

　次に、購入時の金額をもとに、1万円当たりの利息を計算します。

```
A：10万円 ÷ 150万円 = 666.6666円

B：8万円 ÷ 80万円 = 1000円
```

　これで、2つの商品を比べることができます。5年間で80万円が120万円になる金融商品Bを選ぶほうが有利だということがわかるわけです。

　なお、1万円当たりの利息は次の式で計算できます。

```
1万円当たりの利息 =
　（期間後の金額 − 預入金額）÷ 預入期間 ÷
　　　　　　　　　　　　　（預入金額÷10000）
```

SECTION 34 ● 条件を揃えて金融商品を比べる

　もう1つの比べ方として、利回りを考えたらどうでしょうか。利回りは次の式で計算できます。

> 利回り＝
> 　（期間後の金額 － 預入金額）÷ 預入期間 ÷ 預入金額

　2つの金融商品の利回りは次のように計算できます。

> A：（180万円 － 150万円）÷ 3年 ÷ 150万円 = 6.66%
>
> B：（120万円 － 80万円）÷ 5年 ÷ 80万円 = 10.00%

　やはり5年間で、80万円が120万円になる金融商品Bのほうが有利です。

●Excelでの計算（「第4章」→「sec34.xlsx」）

　Excelでは次のようになります。

	A	B	C	D	E	F
1						
2	金融商品1					
3	預入れ金額	1,500,000	円			
4	期間後の金額	1,800,000	円			
5	預入れ期間	3	年			
6	1万円当たりの利息	667	円			
7	利回り	6.67	%			
8						
9						
10	金融商品2					
11	預入れ金額	800,000	円			
12	期間後の金額	1,200,000	円			
13	預入れ期間	5	年			
14	1万円当たりの利息	1,000	円			
15	利回り	10.00	%			
16						
17						

「=(B4-B3)/B5/(B3/10000)」と入力する

「=(B4-B3)/B5/B3*100」と入力する

「=(B12-B11)/B13/(B11/10000)」と入力する

「=(B12-B11)/B13/B11*100」と入力する

SECTION 35 どの金融商品が有利か比較する

　預金にもいろいろな種類があります。どれに預けておけば最も有利なのかをつかむことは大切です。

　たとえば、5年後に使う予定の200万円が手元にあるとして、次の6種類の金融商品のうち、どれを選んで預けておけば最も有利になるのか計算していきます。

❶ 5年満期、年複利で、年利率6%
❷ 5年満期、半年複利で、年平均利回りが6.4%
❸ 5年満期、半年複利で、年利率6%
❹ 10年満期、年複利で、年利率8%（ただし、7年目以前に解約するときには、年利率が約定利率の70%になるものとする）
❺ 10年満期、半年複利で、年平均利回り7.9%（6カ月以上はいつでも解約ができ、解約手数料も不要）
❻ 10年満期、月複利で、年利率5%（1年以上はいつでも解約でき、解約手数料も不要）

　5年後に200万円を使う予定があるので、❶〜❻で5年後までにおける元利合計を計算し、どれが最も有利か見てみましょう。元利合計は次の式で計算できます。

> 元利合計 = 元金 × (１ + 期間利率)^利息計算回数

　❶の商品は、年複利なので期間利率は年利率6%、利息計算回数は5となるので。次の式で計算することができます。

SECTION 35 ● どの金融商品が有利か比較する

$$
\begin{aligned}
元利合計 &= 元金 \times (1 + 期間利率)^{利息計算回数} \\
&= 2,000,000 \times (1 + 0.06)^5 \\
&= 2,000,000 \times 1.3382255776 \\
&= 2676451.1552 \\
&\fallingdotseq 2,676,451円
\end{aligned}
$$

❷については、まず年利回り6.4%から、1期あたりの利率を計算します。1期あたりの利率は次の式で求めることができます。

$$
1期あたりの利率 = (1 + 年利回り)^{(1 \div 1年間の期数)} - 1
$$

この式に条件を当てはめると1期あたりの利率は次のようになります（半年複利なので1年間の期数は2）。

$$
\begin{aligned}
1期あたりの利率 &= (1 + 年利回り)^{(1 \div 1年間の期数)} - 1 \\
&= (1 + 0.064)^{(1 \div 2)} - 1 \\
&= 1.064^{0.5} - 1 \\
&= 0.03150375665821
\end{aligned}
$$

半年複利なので利息計算回数は5年 × 2 = 10として元利合計を計算すると、次のようになります。

$$
\begin{aligned}
元利合計 &= 元金 \times (1 + 期間利率)^{利息計算回数} \\
&= 2,000,000 \times (1 + 0.03150375665821)^{(5 \times 2)} \\
&= 2,000,000 \times 1.03150375665821^{10} \\
&= 2,000,000 \times 1.363666399821822 \\
&= 2,727,332.799643644294861 \\
&\fallingdotseq 2,727,333円
\end{aligned}
$$

SECTION 35 ● どの金融商品が有利か比較する

❸については、年利率6%で半年複利なので、期間利率は6 ÷ 2 = 3%、利息計算回数は5年 × 2 = 10なので、次のように計算できます。

元利合計 = 元金 × (1 + 期間利率)^{利息計算回数}
$\quad\quad$ = 2,000,000 × (1 + 0.06 ÷ 2)$^{(5 × 2)}$
$\quad\quad$ = 2,000,000 × 1.03^{10}
$\quad\quad$ = 2,000,000 × 1.343916379344122
$\quad\quad$ = 2,687,832.75868824384098
$\quad\quad$ ≒ 2,687,833円

❹については7年目以前の解約となるため利率を8%の70%にあたる5.6%で計算します。

元利合計 = 元金 × (1 + 期間利率)^{利息計算回数}
$\quad\quad$ = 2,000,000 × (1 + 0.08 × 0.7)^{5}
$\quad\quad$ = 2,000,000 × 1.056^{5}
$\quad\quad$ = 2,000,000 × 1.3131658832117776
$\quad\quad$ = 2,626,331.766423552
$\quad\quad$ ≒ 2,626,332円

❺については、年利回りが7.9%なので、まず1期あたりの利率に換算します(半年複利なので1年間の期数は2)。

1期あたりの利率 = (1 + 年利回り)$^{(1 ÷ 1年間の期数)}$ − 1
$\quad\quad\quad\quad\quad$ = (1 + 0.079)$^{(1 ÷ 2)}$ − 1
$\quad\quad\quad\quad\quad$ = 1.079$^{0.5}$ − 1
$\quad\quad\quad\quad\quad$ = 0.038749247893831

半年複利なので利息計算回数は5年 × 2 = 10として元利合計を計算すると、次のようになります。

第4章 投資に関する金利・利回り計算

SECTION 35 ● どの金融商品が有利か比較する

$$
\begin{aligned}
\text{元利合計} &= \text{元金} \times (1 + \text{期間利率})^{\text{利息計算回数}} \\
&= 2{,}000{,}000 \times (1 + 0.038749247893831)^{(5 \times 2)} \\
&= 2{,}000{,}000 \times 1.038749247893831^{10} \\
&= 2{,}000{,}000 \times 1.462538217461396 \\
&= 2{,}925{,}076.4349227921119884 \\
&\fallingdotseq 2{,}925{,}076 \text{円}
\end{aligned}
$$

❻は月複利なので、期間利率は5%を12で割り、利息計算回数は5年 × 12 = 60として計算します。

$$
\begin{aligned}
\text{元利合計} &= \text{元金} \times (1 + \text{期間利率})^{\text{利息計算回数}} \\
&= 2{,}000{,}000 \times (1 + 0.05 \div 12)^{(5 \times 12)} \\
&= 2{,}000{,}000 \times 1.00416666666667^{60} \\
&= 2{,}000{,}000 \times 1.283358678503513 \\
&= 2{,}566{,}717.357007025839405 \\
&\fallingdotseq 2{,}566{,}717 \text{円}
\end{aligned}
$$

❶〜❻の金融商品の5年後の元利合計を表にまとめると、次のようになります。

金融商品	元利合計
❶	2,676,451円
❷	2,727,333円
❸	2,687,833円
❹	2,626,332円
❺	2,925,076円
❻	2,566,717円

上記から、❺の金融商品が最も有利なことがわかります。

SECTION 35 ● どの金融商品が有利か比較する

●Excelでの計算(「第4章」→「sec35.xlsx」)

Excelでは次のようになります。

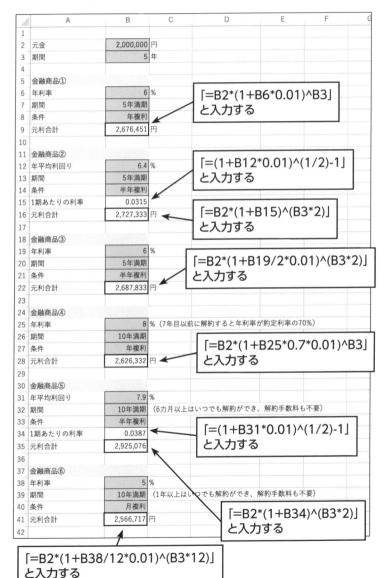

SECTION 36 債券の売買代価を計算する

　債券というのは、発行者が広く一般から借り入れる借入金です。これは発行者によって27ページで説明したように分類されます。

　債券は、発行者や金融の事業などによって、利率・価格などの発行条件が違いますが、利息の計算方法は同じです。

　一般に債券は利札を添付し、元金の償還までこれと引き換えに一定期間ごと(年2回というのが多い)に、利息が支払われることになります。

　この債券を売る場合には、裸相場といって、代価のほかに、前の利払い日から売買当日までの経過利息を別にやり取りすることになります。債券相場は、額面金額100万円に対して、0.05円刻みで表示します。たとえば、105.45円ということになります。

　額面金額というのは、債券の印刷されている金額のことで、債券の利率はこれに対して計算することになります。債券が期限となったとき、償還される金額を償還金額と言いますが、日本においてはほとんどの場合、額面金額で償還されているようです。

　債券の売買代価は次の式で計算することができます。

> **債券の売買代価**
> ＝ 額面金額 × 単価 ÷ 100 ＋ 経過利子 ＋ 手数料

　経過利子は次の式で計算します(1年を365日とします)。

> 経過利子 ＝ 額面金額 × 債券利率 × 経過日数 ÷ 365

SECTION 36 ● 債券の売買代価を計算する

　それでは、裸相場99.50円、利率3%、半年ごとに利息が支払われる債券の場合、額面金額が50万円の国債を買うにはいくらの金額が必要か見てみましょう。経過日数は123日、手数料は1,000円とします。

　まず経過利子を計算します。

$$
\begin{aligned}
経過利子 &= 額面金額 \times 債券利率 \times 経過日数 \div 365 \\
&= 500{,}000 \times 0.03 \times 123 \div 365 \\
&= 5{,}054.7945721 \\
&\fallingdotseq 5{,}055円
\end{aligned}
$$

　経過利子は5,055円となりました。それでは債券の売買代価を計算してみます。

$$
\begin{aligned}
&債券の売買代価 \\
&= 額面金額 \times 単価 \div 100 + 経過利子 + 手数料 \\
&= 500{,}000 \times 99.5 \div 100 + 5055 + 1{,}000 \\
&= 503{,}555円
\end{aligned}
$$

　上記の計算から売買代価は503,555円であることがわかります。

●Excelでの計算（「第4章」→「sec36.xlsx」）

　Excelでは次のようになります。

	A	B	C	D	E	F	G
1							
2	債券の額面	500,000	円				
3	裸相場	99.50	円				
4	債券利率	3	%				
5	経過日数	123	日				
6	手数料	1,000	円				
7							
8	売買代価	503,555	円				
9							
10							

「=B2*B3/100+(B2*B4*0.01*B5/365)+B6」と入力する

第4章　投資に関する金利・利回り計算

債券に人気が出ると利回りがどうなるか計算する

　たとえば、80万円の価格で利回り7%の債券に人気が出て買いが多く入り、急に95万円になってしまったとします。債券を買う側にとっては、15万円も多く支払うことになるわけですから、80万円で買えたときに比べて損な取引だといえますが、利回りは上がるのでしょうか、下がるのでしょうか。

　債券の価格が上昇すると、利回りは下がります。これは、債券の利回りが購入価格に対する利息の割合であるためです。具体的に計算して確かめてみましょう。

　利回りを計算する式は次のようになります。

```
利回り
 ＝（値上益＋利子合計）÷据置期間÷購入価格
 ＝（1年当りの利子＋（額面価格－購入価格）÷据置期間）
                              ÷購入価格
 ＝（額面価格－購入価格＋利子合計）÷据置期間
                              ÷購入価格
```

　ここで、利回りが7%、購入価格が80万円、額面価格が100万円、据置期間を5年と仮定します。利子合計は80万円で購入しても95万円で購入しても同額となるので、まず利子合計を求めます。

　上記の式にそれぞれの数字を当てはめ、計算します。

SECTION 37 ● 債券に人気が出ると利回りがどうなるか計算する

$$0.07 = (1,000,000 - 800,000 + 利子合計) \div 5$$
$$\div 800,000$$

$$0.07 = (200,000 + 利子合計) \div 5 \div 800,000$$

$$0.07 \times 5 \times 800,000 = 200,000 + 利子合計$$

$$利子合計 = 0.07 \times 5 \times 800,000 - 200,000$$

$$利子合計 = 80,000円$$

　上記から利子合計は8万円となります。

　利子合計が求まったので、購入価格が95万円のときの利回り
を計算します。

利回り
$$= (額面価格 - 購入価格 + 利子合計) \div 据置期間$$
$$\div 購入価格$$
$$= (1,000,000 - 950,000 + 80,000) \div 5 \div 950,000$$
$$= 130,000 \div 5 \div 950,000$$
$$= 0.02736$$
$$\fallingdotseq 2.74\%$$

　これで購入価格が95万円のときの利回りは2.74%と計算で
き、購入価格が上がると利回りが下がることがわかります。

　債券の人気上昇は、すなわち債券への需要が増加しているこ
とを意味します。需要が増えても供給が追いつかない場合、債
券の価格は上昇します。債券の価格は、利回りと反比例の関係に
あります。つまり、価格が上昇すると利回りは低下します。

第4章　投資に関する金利・利回り計算

SECTION 37 ● 債券に人気が出ると利回りがどうなるか計算する

　債券は価格が上昇すれば利回りが低下し、購入することは不利になってきます。円高になれば日本の長期国債が買われることになりますから、国債の価格が上昇し、利回りが低下し、国内での購入が不利なものになってくるわけです。

●Excelでの計算(「第4章」→「sec37.xlsx」)

　Excelでは次のようになります。

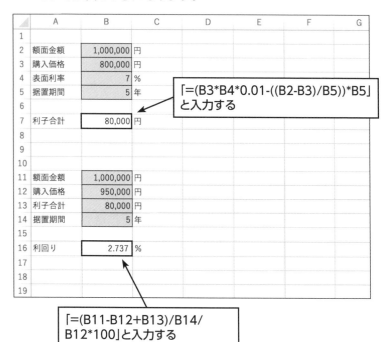

SECTION 38 中期国債ファンドやワイドの複利計算を行う

中期国債ファンドは毎日利息が発生して、この利息を1カ月ごとに元金に加えて運用するものです。ワイドの場合は半年ごとに利息が生じて、その時点において、元金に加えて複利運用します。期日指定定期預金は年1回利息が発生して、それが元金に加えられて複利運用されます。

それでは、具体的にそれぞれ元利合計を計算してみましょう。元金は100万円、利率はどれも4.4%、中期国債ファンドは1年の運用、ワイドは5年ものの運用、期日指定定期預金は3年の運用ということで考えます。計算式は次のようになります。

元利合計 = 元本 × (1 + 利率)^{運用期間}

中期国債ファンドの元利合計は利率を月利にし、運用期間を月数で計算します。

$$元利合計 = 1{,}000{,}000 \times (1 + (0.044 \div 12))^{12}$$
$$= 1{,}000{,}000 \times (1. + (0.044 \div 12))^{12}$$
$$= 1{,}000{,}000 \times 1.003666666666667^{12}$$
$$= 1{,}000{,}000 \times 1.044898268518456$$
$$= 1{,}044{,}898.2685184555767882$$
$$\fallingdotseq 1{,}044{,}898 円$$

ワイドは半年複利になるので、利率を2で割り、運用期間を2倍にして計算します。

SECTION 38 ● 中期国債ファンドやワイドの複利計算を行う

$$元利合計 = 1,000,000 \times (1 + (0.044 \div 2))^{(5 \times 2)}$$
$$= 1,000,000 \times 1.022^{10}$$
$$= 1,000,000 \times 1.243108276586848$$
$$= 1,243,108.276586848300121$$
$$\fallingdotseq 1,243,108円$$

期日指定定期預金はそのまま当てはめて計算します。

$$元利合計 = 1,000,000 \times (1 + 0.044)^3$$
$$= 1,000,000 \times 1.044^3$$
$$= 1,000,000 \times 1.137893184$$
$$= 1,137,893.184$$
$$\fallingdotseq 1,137,893円$$

▶Excelでの計算(「第4章」→「sec38.xlsx」)

Excelでは次のようになります。

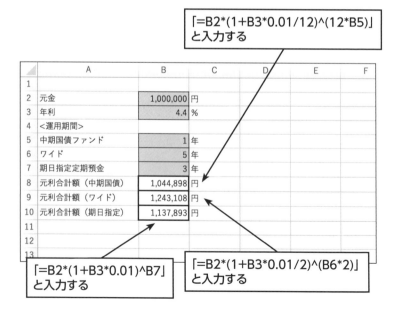

債券の年利が複利で何%になるか計算する

債券というのは、一般には社債のことをいいます。企業が投資家から資金を調達するために発行する証券(有価証券)で、借用書のような権利を表す証券です。社債を購入すると、企業に対して「お金を貸す」ことになり、利息を受け取ることができます。

複利の年利は次の式で計算することができます。

```
複利の年利 = (元利合計 ÷ 購入資金)^(1 ÷ 期間) − 1
```

たとえば、額面100万円の社債が65万円で売り出されていて、据置期間は5年とします。その場合、複利で年利が何%になるかを計算してみましょう。

```
複利の年利 = (元利合計 ÷ 購入資金)^(1 ÷ 期間) − 1
          = (1,000,000 ÷ 650,000)^(1 ÷ 5) − 1
          = 1.089976987048345 − 1
          = 0.089976987048345%
```

計算結果が正しいかどうかを確認してみましょう。債券の額面は次の式で計算できます。

```
債券の額面 = 購入資金 × (1 + 利率)^期間
         = 650,000 × (1 + 0.089976987048345)^5
         = 650,000 × 1.538461538461538
         = 1,000,000円
```

計算の結果、1,000,000円となったので、間違っていないことが確認できました。

SECTION 39 ● 債券の年利が複利で何%になるか計算する

●Excelでの計算(「第4章」→「sec39.xlsx」)

Excelでは次のようになります。

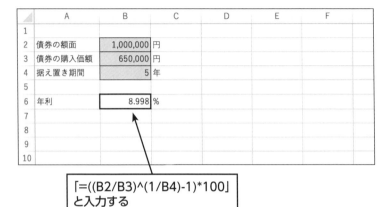

「=((B2/B3)^(1/B4)-1)*100」と入力する

債券が額面金額100円について いくらの評価額になるか計算する

 債券の発行にあたって、売出価格のことを発行価格といい、日本においては額面金額100円に対していくらというように表示します。発行価格は、債券利率と市場金利との関係で次のようなケースがあります。

発行価格	説明
平価発行	発行価格が額面金額に等しいケース
割引発行	発行価格が額面金額より小さいケース
打歩発行	発行価格が額面金額より大きいケース

 日本においては、転換社債が平価発行であるほかは、債券は割引発行によって売り出されることになっています。
 債券が期限となったとき、償還されることになりますが、その方法には、抽選償還法と買入償還法とがあります。
 抽選償還法は、契約によって、償還する債券を抽選によって決定し、償還金額を償還することになります。買入償還法は、発行者が市場から自分の発行した債券を時価で買入れることによって償還するものです。
 債券の評価額は、毎期、額面金額に対して支払われる利息の年金現価と、償還期において支払われる償還金の複利現価との合計ということになります。
 それでは、10年後に額面全額で償還・債券利率6%、2期払・年2回転・評価率7%の場合、額面金額100円について債券の評価額はいくらになるのか計算してみましょう。

SECTION 40 ● 債券が額面金額100円についていくらの評価額になるか計算する

　債券利率は年6%で、年2回払いなので1回の支払いは3円となります。つまり、1期あたりの利率は3%です。利息計算回数は年の2回なので、10年 × 2 = 2となります。評価利率は年7%なので、1期あたりでは3.5%となります。

　1期（半年）あたりの利息3円を、1期あたりの評価率3.5%で、20期分、割り引いた合計を計算します。これは、現在価値の年金計算式を使って計算できます。式は次の通りです。

利息の現在価値
　= 利息 × （（1 − （1 + 1期あたりの評価率）$^{(-利息計算回数)}$
　　　　　　　　　　　　　　　　÷ 1期あたりの評価率）
　= 3 × （（1 − （1 + 0.035）$^{(-20)}$）÷ 0.035）
　= 3 × （（1 − 0.50256588443167）÷ 0.035）
　= 3 × （0.49743411556833 ÷ 0.035）
　= 3 × 14.212403301952286
　= 42.637209905856857

　元本の現在価値は償還時の元本100円を、1期あたりの評価率3.5%で、20期分、割り引いて計算します。

元本の現在価値 = 元本 ÷ （1 + 1期あたりの評価率）^{利息計算回数}
　　　　　　 = 100 ÷ （1 + 0.035）^{20}
　　　　　　 = 100 ÷ 1.9897888863465846
　　　　　　 = 50.256588443166982

　債券の評価額は、利息の現在価値と元本の現在価値を合計して求めます。

SECTION 40 ● 債券が額面金額100円についていくらの評価額になるか計算する

```
債券の評価額 = 利息の現在価値 + 元本の現在価値
  = 42.637209905856857 + 50.256588443166982
  = 92.893798349023839
  ≒ 92.8938円
```

計算の結果、債券の評価額は92.8938円であることがわかりました。

●Excelでの計算(「第4章」→「sec40.xlsx」)

Excelでは次のようになります。

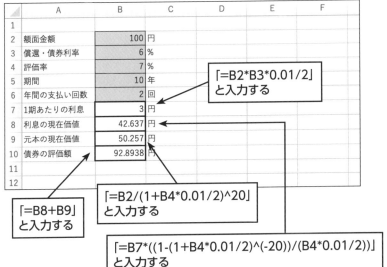

割引債券の利回りを計算する

　日本においては、割引債券は短期のものに割引金融債、長期のものには割引国債などがあります。これらは額面金額より低い価額で発行され、期限に額面金額で償還されます。中間での利払いがありません。発行の条件は、発行者や金融の事情などによって異なってきます。

　それでは、割引債券の利回りを計算してみましょう。額面金額100円について95.50円で発行され、1年後に額面金額で償還されるとすると、利回りは何%になるでしょうか。計算式は次のようになります。

```
利回り＝（額面金額 － 発行価格）÷ 発行価格
　　　＝（100-95.5）÷ 95.5
　　　＝ 4.5 ÷ 95.5
　　　＝ 0.0471204188488168
　　　≒ 4.712％
```

　この結果から利回りは4.712％ということになります。

　次に、割引国債が80円で発行され、5年後に額面金額で償還される場合の利回りを計算してみましょう。計算式は次のようになります。

```
利回り＝（額面金額 ÷ 発行価格）^(1÷期間) － 1
　　　＝ 1.25^0.2 － 1
　　　＝ 1.0456395525591273 － 1
　　　＝ 0.0456395525591273
　　　≒ 4.564
```

　計算の結果、割引国債の利回りは4.564％になります。

SECTION 41 ● 割引債券の利回りを計算する

●Excelでの計算(「第4章」→「sec41.xlsx」)

Excelでは次のようになります。

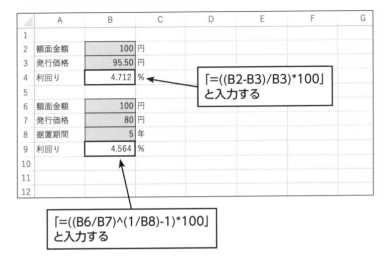

SECTION 42 転換社債を評価する

　転換社債は、一定条件のもとで所有者が会社に対して社債を株式に転換することを請求できるものです。転換社債を発行するには、転換価格、転換を請求できる株式の種類、転換請求のできる期間などを定めておかなければなりません。

　転換価格を決めるには、額面金額を基準にするか、時価を基準にするかになります。時価というのは、転換時点における時価ではなく、発行直前の数日間の平均株価です。日本においては、時価転換の社債が一般的です。

　転換社債の価格は、転換可能期間中に、転換が有利であれば株価に従って変動し、不利な場合には普通の社債と同様に変動することになります。

　このように転換社債は、高くなることはあっても、大きく大暴落することはないので、普通の社債に比べて低利で発行することができます。

　転換社債を株式に転換したらどれくらいの価格になるかを示すパリティ価格は、転換社債の時価が株価に比べて割高か割安かを判断するのに役立ちます。転換パリティは次の式で計算することができます。

```
パリティ価格 ＝ 株価 ÷ 転換価格 × 100
```

　たとえば、転換価格が2,000円、株価が2,200円の場合、パリティ価格は次のように計算することができます。

```
パリティ価格 ＝ 2,200 ÷ 2,000 × 100
　　　　　　 ＝ 110円
```

SECTION 42 ● 転換社債を評価する

このとき、転換社債の時価が100円であれば、転換社債は割安であるといえます。逆に転換社債の時価が120円であれば、転換社債は理論上の価格よりも高い値がついています。

●Excelでの計算(「第4章」→「sec42.xlsx」)

Excelでは次のようになります。

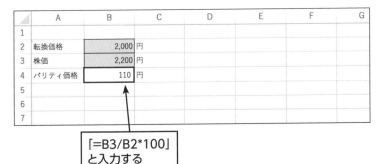

「=B3/B2*100」と入力する

第5章
ローンに関する金利計算

SECTION 43 ローンの返済方式の違いによる返済総額を計算する

　消費者ローンの返済方法には元利均等返済方式とアドオン方式と、元金均等返済方式があります（25ページ参照）。

　元利均等返済方式は毎回の返済額は一定ですが、内訳の利息と元金は変動します。毎月の返済額などは次の式で計算できます。

毎月の返済額 ＝ ローン元金 × 月利 ×
　　　　　　　　（１ ＋ 月利）^{返済回数} ÷ （（１ ＋ 月利）^{返済回数} － １）

毎月の利息 ＝ 残債 × 月利

毎月の元金返済額 ＝ 毎月の返済額 － 毎月の利息

　アドオン方式は返済が進んでも利息額は変わらず、残債が減っても利息額に反映されません。毎月の返済額などは次の式で計算できます。

総支払額 ＝ ローン元金 ＋ （ローン元金 × 年利 × 返済年数）

毎月の返済額 ＝ 総支払額 ÷ 返済回数

　元金均等返済方式は繰り上げ返済をしない限り、なかなか元金が減らないことがあります。毎月の総返済額などは次の式で計算できます。

SECTION 43 ● ローンの返済方式の違いによる返済総額を計算する

毎月の元本返済額 ＝ 元本 ÷ 返済期間（月数）

毎月の利息 ＝ 残高 × 月利

毎月の総返済額 ＝ 毎月の元本返済額 ＋ 毎月の利息

　借入金額を300万円、年利を6%、借入期間を24カ月、それぞれの方式について総返済額を計算してみましょう。

　元利均等返済方式では次のように計算できます。

毎月の返済額 ＝ ローン元金 × 月利 ×
　　　　　　　$(1 + 月利)^{返済回数} ÷ ((1 + 月利)^{返済回数} - 1)$
　＝ $3{,}000{,}000 × (0.06 ÷ 12) × (1 + 0.06 ÷ 12)^{24} ÷$
　　　　　　　　　　　　　　$((1 + 0.06 ÷ 12)^{24} - 1)$
　＝ 132961.8308

総返済額 ＝ 毎月の返済額 × 返済回数
　＝ 132961.8308 × 24
　＝ 3191083.9392
　≒ 3,191,084円

　アドオン方式では次のように計算できます。

総支払額 ＝ ローン元金 ＋ （ローン元金 × 年利 × 返済年数）
　＝ 3,000,000 ＋ （3,000,000 × 0.06 × 24 ÷ 12）
　＝ 3,360,000円

　毎月の返済額は次のようになります。

毎月の返済額 ＝ 総支払額 ÷ 返済回数
　＝ 3,360,000 ÷ 24
　＝ 140,000円

第5章　ローンに関する金利計算

143

SECTION 43 ● ローンの返済方式の違いによる返済総額を計算する

元金均等返済方式では次のように計算できます。

毎月の元本返済額 ＝ 元本 ÷ 返済期間（月数）
　＝ 3,000,000 ÷ 24
　＝ 125,000円

　毎月の利息は「残高 × 月利」なので、毎月の利息は次のように
なります。

1カ月目の利息 ＝ 借入金額 × 月利
2カ月目の利息 ＝（借入金額 － 毎月の元本返済額）× 月利
3カ月目の利息 ＝（借入金額 － 毎月の元本返済額 × 2）× 月利
　・
　・
　・
24カ月目の利息 ＝
　（借入金額 － 毎月の元本返済額 ×（返済回数 － 1））× 月利

上記から利息全体は次の式で計算できます。

利息総額 ＝ 1カ月目の利息 ＋ 2カ月目の利息 ＋ 3カ月目の利息
　　　　　　　　　　　　 ＋・・・＋ 24カ月目の利息
＝ 借入金額 × 月利 ＋（借入金額 － 毎月の元本返済額）× 月利
　＋（借入金額 － 毎月の元本返済額 × 2）× 月利 ＋・・・
　＋（借入金額 － 毎月の元本返済額 ×（返済回数 － 1））× 月利
＝（（借入金額 × 返済回数）－（毎月の元本返済額 ×（
　　　　　 1 ＋ 2 ＋ 3 ＋・・・＋（返済回数 － 1）））× 月利
＝（（借入金額 × 返済回数）－（毎月の元本返済額 ×
　　　　　 （返済回数 － 1）× 返済回数 ÷ 2））× 月利

SECTION 43 ● ローンの返済方式の違いによる返済総額を計算する

この式に条件を当てはめると利息合計は次のようになります。

```
利息総額 = ((借入金額 × 返済回数) − (毎月の元本返済額 ×
             (返済回数 − 1) × 返済回数 ÷ 2)) × 月利
      = ((3,000,000 × 24) − (125,000 × (24 − 1) × 24 ÷ 2))
                                         × 0.06 ÷ 12
      = (72,000,000 − (125,000 × 276)) × 0.005
      = (72,000,000 − 34,500,000 × 0.005
      = 37500000 × 0.005
      = 187,500円
```

総支払額は元本に利息を合計して次のようになります。

```
総支払額 = 3,000,000 + 187,500
       = 3,187,500円
```

●Excelでの計算（「第5章」→「sec43.xlsx」）

Excelでは次のようになります。

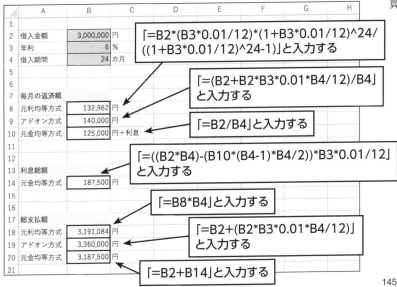

SECTION 44 元金均等返済方式での返済額を計算する

　元金均等返済方式は、利息逓減方式ともいわれ、毎回返済する金額のうち元金の部分が一定で、利息部分が逓減していく返済方法です。そのため、返済金額(月賦金)は次第に減っていくわけです。この借入金の返済方法は、国民金融公庫や中小企業金融公庫など、政府系の金融機関の返済方法になっています。残債務に利率を掛けていくので、他の返済方法に比べて利息は最も少なくて済みます。

　200万円を年利7％で借りて、向こう10年で完済するケースを考えてみましょう(年1回の返済)。元金均等の返済ですから、毎年の元金返済額は決まっていますし、借入残高も定まっているわけですから、元金返済と借入残高とを記入しておいて、次の基本計算式で計算していきます。

```
元金返済額 = 借入金額 ÷ 期間

1回の返済額 = 元金返済額 + 毎期首未決済元金 × 利率
```

　1年目の返済額から10年目までの返済額を計算して、これを合計すれば10年間の総返済額が算出されます。

　まず元金返済額を計算します。例では200万円を10年で返済しますので、次のように計算できます。

```
元金返済額 = 借入金額 ÷ 期間
          = 2,000,000 ÷ 10
          = 200,000円
```

SECTION 44 ● 元金均等返済方式での返済額を計算する

　1年目の返済時は借り入れた200万円がそのまま毎期首未決済元金となるで、1年目の返済額は次のように計算できます。

> 1年目の返済額 ＝ 元金返済額 ＋ 毎期首未決済元金 × 利率
> 　　　　　　　 ＝ 200,000 ＋ 2,000,000 × 0.07
> 　　　　　　　 ＝ 200,000 ＋140,000
> 　　　　　　　 ＝ 340,000円

　2年目の毎期首未決済元金は180万円（200万円 － 20万円）となるので、2年目の返済額は次のように計算できます。

> 2年目の返済額 ＝ 元金返済額 ＋ 毎期首未決済元金 × 利率
> 　　　　　　　 ＝ 200,000 ＋ 1,800,000 × 0.07
> 　　　　　　　 ＝ 200,000 ＋126,000
> 　　　　　　　 ＝ 326,000円

　このように計算していくと、次の表のようになります。

年	毎期首未決済元金	返済元金	返済利息	返済元利合計
1	2,000,000	200,000	140,000	340,000
2	1,800,000	200,000	126,000	326,000
3	1,600,000	200,000	112,000	312,000
4	1,400,000	200,000	98,000	298,000
5	1,200,000	200,000	84,000	284,000
6	1,000,000	200,000	70,000	270,000
7	800,000	200,000	56,000	256,000
8	600,000	200,000	42,000	242,000
9	400,000	200,000	28,000	228,000
10	200,000	200,000	14,000	214,000
	合計	2000000	770000	2,770,000

第5章　ローンに関する金利計算

SECTION 44 ● 元金均等返済方式での返済額を計算する

合計返済額は277万円ということになります。

●Excelでの計算(「第5章」→「sec44.xlsx」)

Excelでは次のようになります。

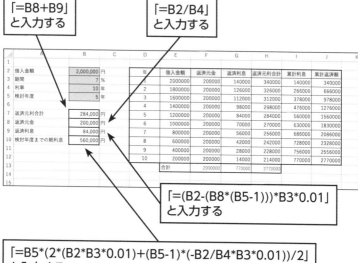

元金均等返済方式の利息の合計を計算する

　元金均等返済方式では、毎期首未決済元金(元金残高)に利率を掛けて利息を計算する方式ですが、お金を借りるときに利息の合計がいくらになるかが簡単に計算できれば、便利です。

　元金均等返済方式の利息の合計は次の式で計算することができます。

```
全期間の利息合計
 = 借入金額 ÷ 返済回数 ×
            ((返済回数 + 1) × 返済回数 ÷ 2) × 利率
```

　前節と同様に200万円を年利7%で借りて、10年で完済するケースを考えてみましょう(年1回の返済)。利息合計は次のようになります。

```
全期間の利息合計
 = 借入金額 ÷ 返済回数 ×(
            (返済回数 + 1) × 返済回数 ÷ 2) × 利率
 = 2,000,000 ÷ 10 ×((10 + 1) × 10 ÷ 2)×0.07
 = 200,000 ×(11× 5)× 0.07
 = 200,000 × 55× 0.07
 = 770,000円
```

SECTION 45 ● 元金均等返済方式の利息の合計を計算する

●Excelでの計算（「第5章」→「sec45.xlsx」）

Excelでは次のようになります。

	A	B	C	D	E	F
1						
2	借入金額	2,000,000	円			
3	期間	7	%			
4	利率	10	年			
5						
6	利息合計	770,000	円			
7						
8						
9						
10						

「=B2/B4*((B4+1)*B4/2)*B3*0.01」
と入力する

SECTION 46 元金均等返済方式で特定の回の返済額を計算する

元金均等返済方式では次の計算式で、特定の回の返済額を計算することができます。

```
各回の返済額
 = 毎回の返済元金 + 各回の返済利息
 = 借入金額 ÷ 期間 +
     (借入金額 -(返済元金 ×(返済年 - 1)))× 利率
```

たとえば、前々節と同様に200万円を年利7%で借りて、10年で完済するケースで考えてみます。5年目の返済額は次のように計算することできます。

```
5年目の返済額
 = 2,000,000 ÷ 10 +
     (2,000,000 -(200,000 ×(5 - 1)))× 0.07
 = 200,000 +(2,000,000 - 800,000)× 0.07
 = 200,000 + 1,200,000 × 0.07
 = 200,000 + 84,000
 = 284,000円
```

●Excelでの計算(「第5章」→「sec46.xlsx」)

Excelでは次のようになります。

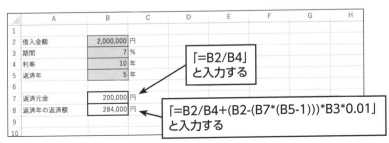

住宅ローンの月々の返済額を計算する

　元利均等返済方式は、元金と利息を加えた各回の返済額が最初から最後まで同額になります。これはアドオン方式と同じように思われますが、利息は借入残高に対してつくことになるので、アドオン方式よりも返済額の合計は少なくなります。この方式は、住宅ローンの計算式といってもいいものです。

　たとえば、元利均等返済方式の住宅ローンを2,000万円を借りて、20年で返済（ボーナス払いなし）することにした場合、年利8％では毎月いくら返済しなければならないか計算してみましょう。計算式は次のようになります。毎月の返済では月利(年利 ÷ 12)による計算になります。

```
月々の返済額
 ＝（借入金額 × 月利）÷（1 －（1 ＋ 月利）^(－返済期間)）
 ＝（20,000,000 × 0.08÷12）÷
                    （1 －（1 ＋ 0.08÷12）^(-20×12)）
 ＝ 167,288.0138
 ≒ 167,288円
```

　計算結果として、毎月16万7,288円の返済になります。

SECTION 47 ● 住宅ローンの月々の返済額を計算する

●Excelでの計算（「第5章」→「sec47.xlsx」）

Excelでは次のようになります。

	A	B	C	D	E	F	G
1							
2	借入金額	20,000,000	円				
3	返済期間	20	年				
4	年利息	8	%				
5	月々の返済額	167,288	円				
6							
7							
8							

「=(B2*B4*0.01/12)/(1-(1+(B4*0.01/12))^(-B3*12))」
と入力する

第5章　ローンに関する金利計算

153

SECTION 48 毎月10万円の返済計画で住宅ローンをいくら借りられるか計算する

　前節の計算式を応用すると、毎月の返済額を固定して、返済の期間を設定すると、住宅ローンをいくらまで借りられるか計算することができます。

　計算式は次のようになります。

```
借入可能額
 ＝月々の返済額 × (1 － (1 ＋ 月利)^(－返済期間)) ÷ 月利
```

　たとえば、毎月10万円の返済計画で住宅ローンを借りるとして、期間20年、年利6%の場合、いくらまで借りられるか計算してみましょう。

```
借入可能額
 ＝月々の返済額 × (1 － (1 ＋ 月利)^(－返済期間)) ÷ 月利
 ＝100,000 × (1 － (1 ＋ 0.06 ÷ 12)^(－20 × 12)) ÷
                                   (0.06 ÷ 12)
 ＝13,958,077.17
 ≒13,958,077円
```

　計算の結果、1,395万8,077円まで借り入れ可能なことがわかります。

SECTION 48 ● 毎月10万円の返済計画で住宅ローンをいくら借りられるか計算する

●Excelでの計算（「第5章」→「sec48.xlsx」）

Excelでは次のようになります。

	A	B	C	D	E	F	G
1							
2	月々の返済額	100,000	円				
3	年利息	6	%				
4	返済期間	20	年				
5	借入可能額	13,958,077	円				
6							
7							
8							

「=B2*(1-(1+(B3*0.01/12))^(-B4*12))/(B3*0.01/12)」
と入力する

第5章 ローンに関する金利計算

155

元利均等返済方式での返済回数を計算する

元利均等返済方式の借入れにおいて、毎月の返済額を先に決めて返済が完了するまでに何年何カ月かかるかを計算するには次の式を利用します。

> 返済回数
> = −log(1 − (借入金額 × 月利) ÷ 返済金額) ÷ log(1 + 月利)

たとえば、年利6%で住宅ローンを2,000万円借りて、毎月20万円ずつ返済していくとすると、何年何カ月で完済できるか計算してみましょう。

> 返済回数
> = −log(1 − (借入金額 × 月利) ÷ 返済金額) ÷ log(1 + 月利)
> = −log(1 − (20,000,000 × 0.06 ÷ 12) ÷ 200,000) ÷ log(1 + 0.06 ÷ 12)
> = −log(0.95) ÷ log(1.005)
> = −(−0.301029995663981 ÷ 0.002166061756508)
> = 138.975721161067292
> ≒ 139

上記の結果139を12で割ると「139 ÷ 12 = 11 あまり 7」となるので、11年7カ月で完済できることがわかります。

SECTION 49 ● 元利均等返済方式での返済回数を計算する

●Excelでの計算(「第5章」→「sec49.xlsx」)

Excelでは次のようになります。

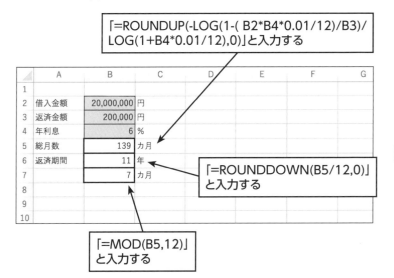

元利均等返済方式で借入金残高がいくらあるか計算する

元利均等返済方式で借入金残高がいくらあるかは次の式で計算することができます。

```
借入金残高
 = 年間返済額 × (1 - (1 + 年利)^(-残存返済期間)) ÷ 年利
```

残存返済期間は次の式で計算することができます。

```
残存返済期間 = 返済期間 - 経過期間
```

年間返済額は次の式で計算することができます。

```
年間返済額
 = (借入金額 × 年利) ÷ (1 - (1 + 年利)^(-返済期間))
```

たとえば、年利5％で200万円借りて、10年間で完済するようにした場合、5年目の借入残高がいくらか計算してみましょう。まずは年間返済額を計算します。

```
年間返済額
 = (借入金額 × 年利) ÷ (1 - (1 + 年利)^(-返済期間))
 = (2,000,000 × 0.05) ÷ (1 - (1 + 0.05)^(-10))
 = 100,000 ÷ 0.3860867464592411
 = 259,009.1499309131139858
 ≒ 259,009円
```

年間返済額がわかったので、5年目の借入残高を計算します。

SECTION 50 ● 元利均等返済方式で借入金残高がいくらあるか計算する

借入金残高
　＝ 年間返済額 × （１ − （１ ＋ 年利）$^{(-残存返済期間)}$ ） ÷ 年利
　＝ 259,009.1499309131139858 ×
　　　　　　　　　（１ − （１ ＋ 0.05）$^{(-(10-5))}$ ） ÷ 0.05
　＝ 259,009.1499309131139858
　　　　　　　　　× 0.216473833531541 ÷ 0.05
　＝ 1121374.072105808702771
　≒ 1,121,374円

　計算の結果、借入金残高は112万1,374円ということになります。

●Excelでの計算（「第5章」→「sec50.xlsx」）

Excelでは次のようになります。

	A	B	C	D	E	F	G
1							
2	借入金額	2,000,000	円				
3	返済期間	10	年				
4	年利息	5	%				
5	経過期間	5	年				
6	年間返済額	259,009	円				
7	借入残高	1,121,374	円				
8							
9							
10							
11							

「=(B2*B4*0.01)/(1-(1+(B4*0.01))^(-B3))」
と入力する

「=B6*(1-(1+B4*0.01)^(-(B3-B5)))/(B4*0.01)」
と入力する

ボーナス併用で住宅ローンを返済する場合の返済額を計算する

SECTION 51

　元利均等返済方式の住宅ローンをボーナス併用で返済するケースを考えてみましょう。月々の返済額とボーナス期の返済額はそれぞれ次の式で計算することができます。

```
月々の返済額
 =（借入金額 × 利率）÷（1 -（1 + 利率）^(-返済回数)）
                              ×（1 - ボーナス返済割合）

ボーナス期の返済額
 =（借入金額 × 利率）÷（1 -（1 + 利率）^(-返済回数)）
                              × ボーナス返済割合
```

　たとえば、住宅ローン2,000万円を、50%は毎月返済とし、残りの額については年2回のボーナス払い(6カ月ごと)とし、期間は10年間で年利息を6%とした場合、月々の返済額、およびボーナス期の返済額を計算してみましょう。まずは月々の返済額を計算してみます。利率は月利(年利 ÷ 12)で、返済回数は10年 × 12カ月 = 120で計算します。

```
月々の返済額
 =（借入金額 × 月利）÷（1 -（1 + 月利）^(-返済期間)）
                              ×（1 - ボーナス返済割合）
=（20,000,000 × 0.06 ÷ 12）÷
          （1 -（1 + 0.06 ÷ 12）^(-120)）×（1 - 0.5）
= 100,000 ÷（1 - 0.549632733364157）× 0.5
= 100,000 ÷ 0.450367266635843 × 0.5
= 111,020.501941649531394
≒ 111,021円
```

SECTION 51 ● ボーナス併用で住宅ローンを返済する場合の返済額を計算する

　計算の結果から月々の返済額は111,021円となります。

　次はボーナス期の返済額を計算してみます。ボーナス期の返済額の場合、支払いは年2回（6カ月ごと）なので利率は年利 ÷ 2で計算し、返済回数は10年 × 2 ＝ 20回で計算します。

ボーナス期の返済額
　＝（借入金額 × 利率）÷（1 －（1 ＋ 利率）$^{(-返済回数)}$）
　　　　　　　　　　　　　　　　　　　　　× ボーナス返済割合
＝（20,000,000 × 0.06 ÷ 2）
　　　　　　　　÷（1 －（1 ＋ 0.06 ÷ 2）$^{(-20)}$）× 0.5
＝ 600,000 ÷（1 － 0.553675754186335）× 0.5
＝ 600,000 ÷ 0.446324245813665 × 0.5
＝ 672157.0759685916651977
≒ 672,157円

　計算の結果からボーナス期の返済額は672,157円となります。ただし、ボーナス月の返済額は、ボーナス期の返済額 ＋ 月々の返済額（672,157円 ＋ 111,021円 ＝ 783,178円）となるので注意してください。

　なお、第1回目のボーナス時期が借入時より何カ月目かによって初回ボーナス期の返済額が変わりますが、それは省略しています。

第5章　ローンに関する金利計算

SECTION 51 ● ボーナス併用で住宅ローンを返済する場合の返済額を計算する

●Excelでの計算（「第5章」→「sec51.xlsx」）

Excelでは次のようになります。

```
「=(B2*B4*0.01/12)/(1-(1+(B4*0.01/12))^(-B3*12))
*((100-B5)*0.01)」と入力する
```

	A	B	C	D	E	F
1						
2	借入金額	20,000,000	円			
3	返済期間	10	年			
4	年利息	6	%			
5	ボーナス返済割合	50	%			
6	毎月返済額	111,021	円			
7	ボーナス期返済額	672,157	円			
8						
9						
10						

```
「=(B2*B4*0.01/2)/(1-(1+(B4*0.01/2))^(-B3*2))
*B5*0.01」と入力する
```

年賦償還率を使って住宅ローンを簡単に計算する

年賦償還率がわかると住宅ローンの返済額を簡単に計算することができます。年賦償還率は次の式で計算できます。

```
年賦償還率
 = 年利率 ×(1 + 年利率)^返済期間 ÷((1 + 年利率)^返済期間 − 1)
```

たとえば、2,000万円を20年、年利率6%で借りる場合の年賦償還率を計算してみましょう。

```
年賦償還率
 = 年利率 ×(1 + 年利率)^返済期間 ÷((1 + 年利率)^返済期間 − 1)
 = 0.06 ×(1 + 0.06)^20 ÷((1 + 0.06)^20 − 1)
 = 0.06× 3.207135447212845 ÷ 2.207135447212845
 = 0.087184556976851
 ≒ 0.087185
```

年賦償還率から毎月の返済額を計算する式は次のようになります。

```
毎月の返済額 = 借入金 × 年賦償還率 ÷ 12
```

この式から次のように計算することができます。

```
毎月の返済額 = 借入金 × 年賦償還率 ÷ 12
         = 20,000,000 × 0.087185 ÷ 12
         = 145308.333333333333333
         ≒ 145,308円
```

SECTION 52 ● 年賦償還率を使って住宅ローンを簡単に計算する

●Excelでの計算(「第5章」→「sec52.xlsx」)

Excelでは次のようになります。

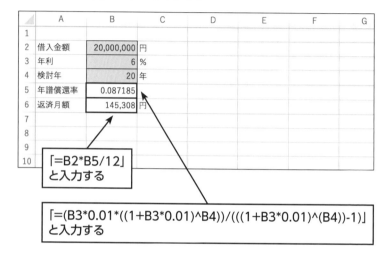

SECTION 53 アドオン方式での毎回の返済額を計算する

アドオン方式の場合、利息は借入金額の返済によって借入残高が減っていっても当初の借入金全額に対して全期間にわたるように計算されるので、他の方法に比べて、返済金額がかなり多くなります。自動車を購入するときのローンは、ほとんどこの方式をとっています。

アドオン方式では、毎回の返済額は次のような計算式によって計算することになります。

> **毎回の返済額**
> ＝（借入金額 ×（1 ＋ 利率 × 期間））÷ 返済回数

たとえば、借入金200万円をアドオン方式で返済するとします。期間は5年、年利8％で毎月返済するとして毎回の返済額を計算してみましょう。

> **毎回の返済額**
> ＝（借入金額 ×（1 ＋ 利率 × 期間））÷ 返済回数
> ＝（2,000,000 ×（1 ＋ 0.08 × 5））÷（5 × 12）
> ＝（2,000,000 × 1.4）÷ 60
> ＝ 2,800,000 ÷ 60
> ＝ 46,666.666666666666667
> ＝ 46,667円

計算の結果、毎月の返済額は4万6,667円となります（支払総額は280万円）。

SECTION 53 ● アドオン方式での毎回の返済額を計算する

　このように、アドオン方式の利息の計算は単純なものであるうえに、それをさらに均等に割り振ってしまうため、長期の割賦償還に適用されるとあまりにも返済金が多くなり、借り手がいません。そこで短期の耐久消費財の月賦返済などに利用されることになります。

●Excelでの計算（「第5章」→「sec53.xlsx」）

　Excelでは次のようになります。

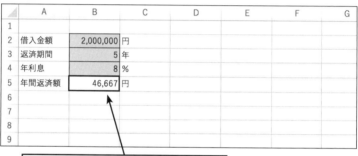

「=B2*(1+(B4*0.01)*B3)/(B3*12)」と入力する

「10万円借りて1日たったコーヒー1杯」の場合の年利を計算する

たとえば、ローンのチラシに「10万円借りて1日たったコーヒー1杯」とあったとしましょう。このとき、仮にコーヒー1杯100円として、金利がいくらになるかを計算してみましょう。この場合、次のように計算できます。

100円 × 365日 ÷ 10万円 = 0.365 = 36.5%

計算の結果、驚くことに年利率36.5%ということになってしまいます。なお、現在は規制もあり、このような金利はありえません。

●Excelでの計算(「第5章」→「sec54.xlsx」)

Excelでは次のようになります。

	A	B	C
1			
2	借入金額	100,000	円
3	1日の利息	100	円
4			
5	年利息	36.5	%

「=B3*365/B2*100」と入力する

第6章
その他

手形の割引料と割引手取金を計算する

手形には、約束手形と、為替手形とがあります。支払期日、つまり満期日の表し方には、確定日払いや、一覧払い、一覧後定期払い、日付後定期払いなどがありますが、本書では詳しい説明は割愛し、次のようなケースにおいて、手形割引料と割引手取金がいくらになるかを計算してみることにします。

たとえば、7月15日振出、9月20日期日の手形100万円があるとして、これを年8%で8月4日に手形割引したとします。割引料と割引手取金はいくらになるでしょう。

計算式は次のようになります。

```
割引料 = 手形の額面金額 × 年割引率 × (割引日数 ÷ 365)

割引手取金 = 手形の額面金額 − 割引料
```

今回の例では、割引日数は7月15日から8月4日までの20日となります。計算してみましょう。

```
割引料 = 手形の額面金額 × 年割引率 × (割引日数 ÷ 365)
     = 1,000,000 × 0.08 × (20 ÷ 365)
     = 4383.5616438356164384
     ≒ 4384円
```

割引手取金は次のようになります。

```
割引手取金 = 手形の額面金額 − 割引料
        = 1,000,000 − 4384
        = 995,616円
```

SECTION 55 ● 手形の割引料と割引手取金を計算する

●Excelでの計算(「第6章」→「sec55.xlsx」)

Excelでは次のようになります。

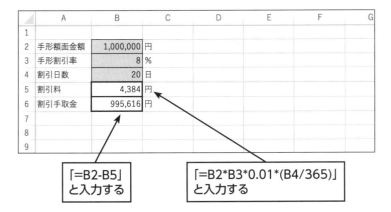

「=B2-B5」と入力する

「=B2*B3*0.01*(B4/365)」と入力する

SECTION 56 手形を振り出して100万円の手取りにしたいときの額面金額を計算する

どうしてもお金が必要なとき、手形を振り出して銀行から借りるということも考えられます。必要なお金を手に入れるため、手形の額面金額をいくらにすればいいのかを計算してみましょう。計算式は次のようになります。

```
手形の額面金額
 ＝ 割引手取金 ÷ (1 － 年割引率 ×（割引日数 ÷ 365))
```

年割引料8%、割引日数は71日、必要なお金を100万円としたとき、必要な手形の額面はいくらになるか計算してみましょう。

```
手形の額面金額
 ＝ 割引手取金 ÷ (1 － 年割引率 ×（割引日数 ÷ 365))
 ＝ 1,000,000 ÷ (1 － 0.08 ×（71 ÷ 365))
 ＝ 1,000,000 ÷ (1 － 0.08 ×（71 ÷ 365))
 ＝ 1,000,000 ÷ 0.9844383561 64384
 ＝ 1015807.6366469999436354
 ≒ 1,015,808円
```

計算の結果、手形の額面金額は101万5,808円になります。

さて、このときの実質の金利はいくらになるでしょうか。実質金利の計算式は次のようになります。

SECTION 56 ● 手形を振り出して100万円の手取りにしたいときの額面金額を計算する

```
実質金利
＝（手形の額面金額 － 割引料）÷ 割引料 × 365 ÷ 割引期間
＝（1,015,808 － 1,000,000）÷ 1,000,000 × 365 ÷ 71
＝ 15,808 ÷ 1,000,000 × 365 ÷ 71
＝ 0.0812664788873239
≒ 8.126％
```

計算の結果、実質の金利は年8.126％となっています。

●Excelでの計算（「第6章」→「sec56.xlsx」）

Excelでは次のようになります。

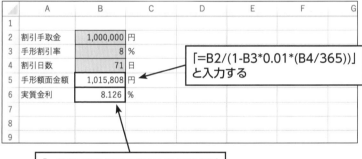

会社が借りているお金の実質金利を計算する

　大企業では、公的融資制度とそう変わらない金利で銀行から借入れしている会社もあるといいます。しかし、中小零細企業ということになるとそうはいかないのです。公的融資よりも％表面利率(表向きの利率)で2〜3高い金利となっているのが現実です。さらに民間金融機関との取引では、預金をして信用を高めてからでないと借入れができないので、実質金利は次のように計算されます。

> 実質金利
> ＝(借入利息 － 預金利息) ÷ (借入金額 － 拘束預金等)
> 　　　　　　　　　　　　　　　　　× 365 ÷ 期間

　つまり、金融機関によっては、法律で禁止されている歩債・両建を要求するところもあり、定期預金も自由に引き出せなくなる(拘束預金)ということなのです。ですから正味の借金によって表面利率を割らなければ実質の金利が計算できないというわけです。

　たとえば、銀行から年利5.5％で2,000万円借り、そのうち1,000万円を1年ものの年利4％の定期預金としたときの1年間の実質金利を計算してみましょう。

SECTION 57 ● 会社が借りているお金の実質金利を計算する

実質金利
 ＝（借入利息 － 預金利息）÷（借入金額 － 拘束預金等）
                                  × 365 ÷ 期間
 ＝（20,000,000 × 0.055 － 10000000 × 0.04）÷
        （20,000,000 － 10,000,000）× 365 ÷ 365
 ＝（1,100,000－ 400,000）÷ 10,000,000
 ＝ 700,000 ÷ 10,000,000
 ＝ 0.07
 ＝ 7.00%

計算の結果、実質金利が7%になることがわかります。

▶Excelでの計算（「第6章」→「sec57.xlsx」）

Excelでは次のようになります。

	A	B	C	D	E	F	G
1							
2	借入金額	2,000,000	円				
3	借入利息	5.5	%				
4	拘束預金額	1,000,000	円				
5	預金利息	4	%				
6	期間	1	年				
7	実質金利	7.00	%				
8							
9							
10							

「=(B2*B3-B4*B5)/(B2-B4)*365/(B6*365)」
と入力する

第6章 その他

175

SECTION 58 金利計算で設備投資するかを決める

　設備投資は、生産拡大、省力化、販売増加、研究開発などのために行いますが、いずれにせよお金が出ていきます。その出ていくお金に対して、将来出ていくお金以上の利益を生まなければ、投資する意味がありません。設備投資なので設備が将来どれだけの利益を生むか、つまりどれだけの将来価値をもつかを考え、それを現在価値に変えて、投資金額と比較して、投資の採否を決めるわけです。そのために、一般的には「複利年金現価」の計算式を応用します。

> 現在価値
> ＝ 予想利益 ×（(1 ＋ 利率)^{期間} － 1）÷
> 　　　　　　　　　　　　（利率 ×（1 ＋ 利率)^{期間}）

　予想利益は、設備投資資産が生み出す価値＋減価償却費です。
　ここで設備投資をするかしないかを判断するための計算をしてみましょう。設備投資の投資金額2,000万円、これに対する金利5％、設備の耐用年数5年、年間予想利益（減価償却費 ＋ 設備が生み出す価値）を500万円とします。また、この機械の残存価額は0とします。耐用年数を投資期間としてその間の予想利益の現在価値を算出し、投資金額と比較します。

SECTION 58 ● 金利計算で設備投資するかを決める

現在価値
= 予想利益 × ((1 + 利率)^{期間} − 1) ÷
　　　　　　　　　　　　　　　(利率 × (1 + 利率)^{期間})
= 5,000,000 × ((1 + 0.05)^5 − 1) ÷
　　　　　　　　　　　　　　　(0.05 × (1 + 0.05)^5)
= 5,000,000 × 0.2762815625 ÷ 0.0638140781 25
= 21647383.3531540968 25715
≒ 21,647,383円

　この設備の現在価値は、2,164万7,383円となるので、2,000万円の投資をしてもいいことになります。

●Excelでの計算（「第6章」→「sec58.xlsx」）

Excelでは次のようになります。

	A	B	C	D	E	F
1						
2	投資金額	20,000,000	円			
3	借入利息	5	%			
4	予想利益	5,000,000	円			
5	設備耐用年数	5	年			
6	予想利益の現在価値	21,647,383	円			
7	投資額を	上回る				
8						
9						
10						

「=IF(B6>B2,"上回る","下回る")」
と入力する

「=B4*((((1+B3*0.01)^B5)-1)/(B3*0.01*((1+B3*0.01)^5)))」
と入力する

設備投資でどちらの機械を選ぶと得か計算する

設備投資をするとして、どちらの機械がいいのか迷ったとします。そのとき、どちらを選択すればいいかを計算してみましょう。

たとえば、ここでは下表のAとBの機械があるとします。

	A	B
購入価格(現在価値)	1000万円	1500万円
残存価額	0	0
耐用年数	8年	10年

この条件で、資本利子率を8%にすると、AとBのどちらの機械を選択するほうが有利かを計算していきます。

計算式は次のようになります。

予想利益
= 現在の価値 × (利率 × (1 + 利率)^{期数}) ÷
((1 + 利率)^{期数}−1)

A、Bそれぞれについて予想利益を計算してみましょう。

Aの予想利益
= 10,000,000 × (0.08 × (1 + 0.08)^8) ÷
((1 + 0.08)^8−1)
= 10,000,000 × 0.148074416822551 ÷
0.850930210281882
= 1,740,147.605918226493038
≒ 1,740,148円

SECTION 59 ● 設備投資でどちらの機械を選ぶと得か計算する

Bの予想利益
= 15,000,000 × (0.08 × (1 + 0.08)^{10}) ÷
$((1 + 0.08)^{10}-1)$
= 15,000,000 × 0.172713999781823 ÷
1.158924997272787
= 2,235,442.330456131660263
≒ 2,235,442円

予想利益の値が大きいほうが有利となります。計算結果より、Bの機械の予想利益のほうがAの機械よりも大きいため、Bの機械を選択するほうが有利であるといえます。

今回の計算では、Bの機械の方が予想利益が大きくなりました。これは、Bの機械の方が初期投資額が大きく、耐用年数も長いため、複利効果によって得られる利益が大きくなるためと考えられます。

しかし、年間維持費を考慮していないため、実際の利益は計算結果よりも少なくなる可能性があります。また、NPV（正味現在価値）法で計算した場合はAの機械の方が有利という結果になりました。

どちらの機械を選択するかは、予想利益だけでなく、年間維持費、耐用年数、資金調達の状況など、さまざまな要素を総合的に判断する必要があります。

第6章 その他

SECTION 59 ● 設備投資でどちらの機械を選ぶと得か計算する

●Excelでの計算(「第6章」→「sec59.xlsx」)

Excelでは次のようになります。

「=B6*((B3*0.01*((1+B3*0.01)^B7))/(((1+B3*0.01)^B7)-1))」
と入力する

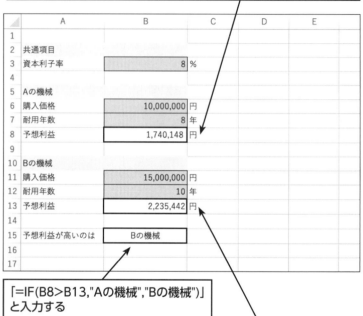

「=IF(B8>B13,"Aの機械","Bの機械")」
と入力する

「=B11*((B3*0.01*((1+B3*0.01)^B12))/(((1+B3*0.01)^B12)-1))」
と入力する

索引

数字

72の法則	52
100の法則	54
115の法則	54
126の法則	54
144の法則	54

英字

PER	114
YTM	29

あ行

アドオン方式	25, 26, 142, 165
後払い	62
インカムゲイン	38
打歩発行	133
延滞利息	88
大口預金	21

か行

額面価格	29
額面金額	172
株価収益率	114
株式	37, 114
株式投資	37
借入金残高	158
為替	22
元金均等返済方式	25, 26, 142, 146, 149, 151
元利均等返済方式	25, 142, 156, 158
期日指定定期預金	104
規制金利	20
季節	22
キャピタルゲイン	37
金融債	27
金利	14, 16
金利スワップ	19
クーポン	28
クーポン金利	29

クーポン支払日

クーポン支払日	30
景気	21
月利率	60
現在利回り	29
公債	27
国債	27
個人向け国債	18
固定金利	15, 17, 18

さ行

債券	27, 124, 126, 131, 133
最終利回り	29
先掛割引料	88
事業債	27
実質金利	174
社債	18, 27
収益満期受取型貸付信託	17, 23
自由金利	20
住宅ローン	152, 154, 160
償還	28
証券会社	38
新NISA	33
信用格付け	30
政府保証債	27
設備投資	176, 178

た行

短期	22
単利	44, 76
地方債	27
中期	22
中期国債ファンド	36, 129
中途解約	95
長期	22
月掛預金	82
定額貯金	95
定期預金	18, 86, 88, 91, 101
手形	170, 172
転換社債	138
電力債	27
投資信託	19, 31
特殊債	27

181

索引

な行

日利率	67
年複利	76
年賦償還率	163
年利率	69

は行

配当金	114
売買代価	124
端数	24
裸相場	124
発行体	29
半年複利	76
半年利率	60
ビッグ	17, 23
日歩	67, 69
ファンド	31
複利	44
複利現価率	65
複利終価率	63
普通配当利回り	114
普通預金	84
物価	22
分配金	31
平価発行	133
返済回数	156
返済額	151, 152, 165
返済方式	25, 142
変動金利	15, 17, 19
変動金利型社債	20
変動金利型定期預金	19
ボーナス併用	160

ま行

前払い	62
満期日	30
満期までの利回り	29
銘柄	40
目標金額	74

や行

預貯金	15

ら行

利息	49, 62, 84, 86
利息逓減方式	25, 146
利回り	16, 24, 29, 46, 55, 114, 126
利率	29, 46, 49, 55, 58
ローン	15, 25

わ行

ワイド	129
割引債券	136
割引手取金	170
割引発行	133
割引料	170

■著者紹介

杉田 利雄
(すぎた としお)

株式会社経営財務支援協会代表取締役。元MJS税経システム研究所客員研究員。一般社団法人 国家ビジョン研究会顧問。
大手情報処理会社にてシステムコンサルタント・マネージャー、情報センター長などを歴任後、1989年独立。
株式会社エム・エム・プラン(MMP)を創業し企業向けには経営管理指導を得意とする一方、士業・コンサルタント向けにはマーケティング強化を指導している。
2023年以降は国の「貯蓄から資産形成へ」に沿って、SGネット証券投資研究会を創設し現在、既存投資家向けには「投資見直し塾」、新規参入者向けには「土曜塾」を開塾中。

◆株式会社エム・エム・プラン
　https://www.mmplan.co.jp/

◆杉田利雄facebook
　https://www.facebook.com/sugita18/

瀬崎 昌彦
(せざき まさひこ)

行政書士瀬崎昌彦事務所代表　認定経営革新等支援機関
マイクロソフトやアルプスグループなどIT業界で20年以上経験したさまざまな知見や業務改善を武器に、補助金を使った事業計画、経営改善をメインとした「お客様の利益を増やす」経営サポートを行っている。
IT導入や販売促進戦略を強みとし、ブランディング、マッチング、販売戦略を盛り込んだ創業・事業計画の作成支援・経営改善・事業承継など多数の支援実績がある。
趣味はギターとスーパー銭湯通い。

> 編集担当：吉成明久 / カバーデザイン：秋田勘助(オフィス・エドモント)

●特典がいっぱいのWeb読者アンケートのお知らせ

C&R研究所ではWeb読者アンケートを実施しています。アンケートにお答えいただいた方の中から、抽選でステキなプレゼントが当たります。詳しくは次のURLからWeb読者アンケートのページをご覧ください。

C&R研究所のホームページ https://www.c-r.com/

携帯電話からのご応募は、右のQRコードをご利用ください。

金利で得する「金利計算ブック」

2025年5月1日　　　初版発行

著　者	杉田利雄、瀬崎昌彦
発行者	池田武人
発行所	株式会社 シーアンドアール研究所
	新潟県新潟市北区西名目所4083-6(〒950-3122)
	電話 025-259-4293　　FAX 025-258-2801
印刷所	株式会社 ルナテック

ISBN978-4-86354-478-9 C2034
©Toshio Sugita, Masahiko Sezaki, 2025

Printed in Japan

本書の一部または全部を著作権法で定める範囲を越えて、株式会社シーアンドアール研究所に無断で複写、複製、転載、データ化、テープ化することを禁じます。

落丁・乱丁が万が一ございました場合には、お取り替えいたします。弊社までご連絡ください。